小学生
心理自助工具箱

自信积极

〔日〕足立启美 等 著
董然 译

中国妇女出版社

Original Japanese title: ILLUST BAN KOKORO NO TAME NO POSITIVE SHINRIGAKU

Original Japanese edition published by Godo-shuppan Corporation Ltd.
Simplified Chinese translation rights arranged with Godo-shuppan Corporation Ltd.
through The English Agency (Japan) Ltd. and Qiantaiyang Cultural Development (Beijing) Co., Ltd.

著作权合同登记号 图字：01－2022－5619

图书在版编目（CIP）数据

小学生心理自助工具箱. 自信积极 /（日）足立启美等著 ；董然译. -- 北京 ：中国妇女出版社，2023.1
ISBN 978-7-5127-2175-3

Ⅰ. ①小… Ⅱ. ①足… ②董… Ⅲ. ①小学生－心理健康－健康教育 Ⅳ. ①G444

中国版本图书馆CIP数据核字（2022）第185745号

责任编辑：陈经慧
封面设计：末末美书
责任印制：李志国

出版发行：中国妇女出版社
地　　址：北京市东城区史家胡同甲24号　　邮政编码：100010
电　　话：（010）65133160（发行部）　　65133161（邮购）
网　　址：www.womenbooks.cn
邮　　箱：zgfncbs@womenbooks.cn
法律顾问：北京市道可特律师事务所
经　　销：各地新华书店

印　　刷：北京通州皇家印刷厂
开　　本：165mm × 235mm　1/16
印　　张：12.25
字　　数：150千字
版　　次：2023年1月第1版　　2023年1月第1次印刷
定　　价：49.80元

如有印装错误，请与发行部联系

伊洛娜·博尼韦尔博士写给读者的话

你希望自己的孩子拥有怎样的人生呢？是不是很多人都会有“希望他幸福”“希望他身心健康”“希望他的生活平顺”等类似的想法呢？相信无论是家长还是老师，都希望孩子们拥有幸福多彩的人生。

而现有的教育体制并未体现出大家这些美好的愿望，甚至成为现实生活中一个巨大、危险的陷阱。在欧美国家，青少年的抑郁现象已成为一个很严峻的社会问题。尤其是在欧洲，10% ～ 15% 的孩子饱受抑郁或焦虑症等精神疾病的困扰，不但影响了他们的学习以及人际关系，还增加了他们抽烟、喝酒、吸毒甚至自杀的概率。

在发达国家，患有心理疾病的人逐年增加。在这样的环境下，怎样才能让孩子们拥有幸福的人生呢？我们要怎样做，才能培养出一个身心健康、平和的人呢？

要实现这一目标，关键在于将“心理 · 社会教育”导入学校的教育体系中，帮助孩子们保持健康的心理状态，同时学会必要的社交技巧。最近，有些学校已开始进行类似的尝试。在学校开展心理·社会教育，不但能够改变孩子们的不良生活习惯，从而预防由这些习惯导致的问题，同时还能够让孩子们学会如何与他人交往。

心理·社会教育是建立在最新的科学研究之上，是符合儿童的成长规律的。同时，它又能在实施过程中验证教育方法以及干预手段的有效性。通过对 27 万名体验过不同心理·社会教育的青少年儿童的观察、研究，我们发现这些孩子无论在社交技巧、情绪管理，还是在态度、行为甚至学习成绩等方面都有了显著的提高。

事实上，健全的人际关系以及健康的成长环境给孩子带来的好处不胜枚举。仅教室的氛围就可以影响教师及学生的满意度、精神压力大小以及学生们的学习成绩。另外，据调查显示，拥有幸福童年的人往往成年后的生活也很幸福，而且在婚姻、健康、工作表现等各个方面状态都很不错。

由此可见，积极教育对传统教学体制来说并非“空中楼阁”，而是应该也必须被引进教学。因为它所培养的孩子拥有健康的心理状态，拥有健康的生活，并且能够为社会作贡献。

本书会将积极教育中复杂的概念，通过具体活动的方式展示，以便大家应用到实际的教育工作中。另外，考虑到教师们日常工作的烦琐，我们将本书设计为问题集的形式，以便教师们在短时间内掌握书中的教育方法，并运用到实践中。本书形式简洁、内容丰富，希望能够推动积极教育理论的实践化进程，帮助孩子们在认识、接受真实自我的同时与他人维持良好的人际关系，最终实现社会的和谐与繁荣。

一般社团法人　日本积极教育协会顾问

伊洛娜·博尼韦尔

送给正在阅读此书的你

首先，感谢你能选择此书。其次，我们想请问一下，是什么原因让你选择了这本书呢？是希望变得更加幸福？是希望能够接纳真实的自己？还是希望自己拥有更积极的人生态度？

“想获得幸福”是件再自然不过的事情，但“幸福”并不能通过他人获得，只能自己去寻找。在积累了一定的人生阅历，对人生有了自己的思考与感悟后，就必然能够找到属于自己的“幸福”。这个过程，就像是一次寻宝的探险，而所寻的宝藏，就是“幸福”。

当然，这个过程中会有悲伤，也会有痛苦（探险总会伴随着这些体验）。每当遇到这种情况，本书定能够给你提供所需要的帮助。为什么这么说呢？因为这就是一本能够在你寻找属于自己“幸福”的路途中为你指路的书。现在，就带上这本书，开始你寻找“幸福”的探险之旅吧！

目 录

第1章 和情绪做朋友

第2章　了解身心之间的联系

第3章　找出并发挥自己的优点

第4章　享受挑战的过程

第 5 章 与他人建立良好的关系

第 6 章 提高自己的复原力

第 7 章 找到属于自己的幸福与满足

第 1 章

和情绪做朋友

每天，我们都会产生各种各样的情绪。

有时会开心，有时会悲伤，有时会郁闷，有时会不安……

这些情绪有积极的，也有消极的，

但无论是哪种，对我们来说都是很重要的。

只有正确地认识我们当下的情绪，学会与它们相处，

才能在情绪低落时正视它，并尽快重新振作起来。

在第 1 章中，你将对情绪有进一步了解，

并学会如何与它们成为好朋友。

积极训练

1 什么是“情绪”

了解“感情”的重要性

因为会感到“恐惧”，所以能够逃离危险。

因为会感到“开心”，所以会有“想再次尝试”的欲望。

情绪在我们的生活中扮演着非常重要的角色。

“悲伤”的情绪、“恐惧”的情绪、“愤怒”的情绪、“快乐”的情绪、“喜悦”的情绪……

在对情绪有了正确认知后，我们就能够积极地面对困难，并且让自己活力满满。

所以，去认识自己的情绪，和它们成为好朋友吧！

练习　情绪的分工

因为会感到“恐惧”，所以学会了躲避危险。

因为会感到“不安”，所以学会了提前做准备。

因为会感到“愤怒”，所以学会了守护。

因为会感到“悲伤”，所以认识到了拥有的可贵。

因为会感到“快乐”，所以有了朋友。

因为会感到“喜悦”，所以有了想再次尝试的欲望。

因为懂得了“感恩”，所以学会了珍惜。

因为感到“安心”，所以身心都得到了放松。

写给成年人的话

有些成年人很少会出现消极情绪，所以他们很自然地希望自己的孩子也尽量保持积极的情绪。

但这是不对的。体验消极情绪对孩子来说十分必要，并且当孩子出现消极情绪时，一定不要否定他，而应表示理解与接纳，这样孩子就能很快恢复内心的平静，继续去做自己该做的事情。

积极训练 2

了解各种形容情绪的词语

给感情起名字

当有好事发生时，你是不是会感到“开心”“愉快”？

相反，当遇到不好的事情，或是与他人发生争执时，你是不是会感到“愤怒”或“悲伤”？

当心爱的物品坏掉时，你是不是会感到“伤心”与“遗憾”？

除此之外，还有“不甘心”“害羞”“恐惧”“痛苦”“爽快”“放松”“得意”“感激”“喜欢”“愉快”等表达情绪的词语。

“情绪”的种类真的太多了！

你知道越多的形容情绪的词语，就越善于表达自己的情绪哦！

练习 寻找表达情绪的词语

有哪些表达好心情（积极的情绪）的词语，又有哪些表达坏心情（消极的情绪）的词语呢？尽可能多地找出来吧！不要光靠自己想，也可以问问家人、朋友，还可以查一查字典哦！

和朋友来一场“词语大比拼之情绪表达”吧！比赛分为 2 支队伍，按顺序每人说出一个“表达情绪的词语”。注意，词语不能重复。说出有效词语最多的队伍获胜。

好心情（积极的情绪）	坏心情（消极的情绪）
（例）开心	（例）悲伤

写给成年人的话

给自己的感情取名字，也可以叫作“为感情贴标签”。通过这种行为，人们可以更好地用语言表达自己的感受，也更容易理解他人的感受。

每个人的情绪是多种多样的，而形容情绪的词语也是五花八门的。只要对这些有了足够的认识，我们就能够更好地理解自己、理解他人，同时还能够提高我们的沟通能力。

积极训练 3

用身体表达自己的情绪

认识感情与身体的关联性

因为被康太嘲笑为“小矮子”，小雪的眉毛渐渐挑起，脸也开始涨红，还握紧了拳头，耸起了肩。

可以看出，小雪对于被叫作“小矮子”这件事，很是生气。

你生气时的表情又是什么样的呢？

身体有什么反应吗？胸口会有什么样的感觉呢？悲伤的时候呢？快乐的时候呢？

“情绪”是可以通过我们的身体表达出来的。

所以，通过对方的身体语言，我们就可以判断出他的情绪。

练习　镜子啊镜子

找一位朋友协助你完成这个练习。其中一个人扮演真实的自己，另一个人扮演镜子中的人。扮演真实自己的人，用肢体动作表达出以下列表中的各种“情绪”。扮演镜中人的人要模仿对方的动作，并猜出对方所表达的情绪。

情绪列表

不甘心　吃惊　开心　激动

愤怒　悲伤　恐惧

模仿生气时的表情与肢体动作，自己会产生生气的感觉；模仿开心的表情与动作，自己也会变得开心。原来情绪与身体是相通的！是不是很神奇？

写给成年人的话

情绪的变化与身体、表情的变化是同时发生的。当我们不知如何用语言表达自己的情绪时，可以转而去描述自己身体所发生的变化，例如“我的胸口感觉闷闷的”，等等。逐渐地，你就能够清楚地感知到自己的情绪，并用语言表达出来。

当我们对自身的了解加深后，自然也会更容易理解他人的情绪。这样，我们理解自己以及理解他人的能力就逐渐增强了。

积极训练 4

这种情况下会产生什么样的情绪呢？

■ 了解情绪 · 表达自己

大家都会做单杠的翻转上杠，只有我不行，我不由得感到有些烦闷。回到家，妈妈问我：“怎么了，一脸不高兴？在学校遇到什么事了吗？”

“我不会做单杠的翻转上杠，觉得很伤心，还很不甘心。”我回答道。

和妈妈说完这些话，我感觉心情竟然好了一些。

当我们有消极情绪出现时，只要说出来，心情就能够稍微变好一些。而当我们心情好时，如果也将情绪表达出来，那心情则会加倍变好哦。

练习 什么时候会出现这样的情绪呢？

1 你在什么情况下会出现积极的情绪呢？

积极的情绪	何种情况
开心	
快乐	
愉快	
活力十足	
满足	

2 你在什么情况下会出现消极的情绪呢？

消极的情绪	何种情况
悲伤	
失落	
烦躁	
愤怒	
不安	

写给成年人的话

在什么情况下会产生什么样的情绪，是因人而异的。搞清楚自己的情绪会因何发生变化，也就离理解自己又近了一步。

这道题没有错误答案，所以对于孩子的回答要试着理解，而不是否定。

另外，也要让孩子学会不去否定其他小朋友的感受，这一点很重要。

积极训练 5

朋友在这种情况下心情会有什么变化呢？

理解自己 · 理解他人

喜欢昆虫的小贤只要看到昆虫箱中的独角仙吃食，就会变得特别开心。

爱美的小优如果有了新裙子，就会非常开心。

朋友之间，如果对方不告诉你“他在什么情况下会有什么感受”，你其实是很难了解对方的情绪变化的。

但如果彼此能够诉说自己的感受，那么不但你对他的了解会加深，他对你的了解同样会加深，你们之间的关系自然也会更加亲密。

练习 情绪飞行棋

①3～4人组成一组。

②根据掷出骰子的点数前进相应的步数。

③观察自己所停位置的表情，说出它所表达的情绪。

④和大家说说自己在什么情况下会出现这样的情绪。

在朋友描述时也要认真倾听哦！面向对方，时不时点点头，回应一下，让对方知道你在认真听他表达，这样对方会非常开心。

写给成年人的话

有些孩子善于表达自己的感情，同样也有些孩子不善表达。可以让孩子先尝试去做前面的几项练习，待充分热身后再进行“情绪飞行旗”的训练。

另外，要教孩子如何聆听，帮助他们去体会他人想表达的情绪。

积极训练 6 消极情绪过于强烈时怎么办？

■ 了解消极情绪的恶循环

刚刚和小春吵架了，好生气哦！

又因为和小春怄气而被老师批评，更生气了！

回到家，因为弟弟太吵，我吼了他一句，结果又被妈妈训了。

你是不是有时会想：可恶，怎么这么倒霉！

消极的情绪对我们来说同样很重要（见积极训练 7），但若是这些情绪过于强烈，则会使我们的境况变得糟糕。

想一想，当消极情绪过于强烈时，可能会发生什么呢？

练习 “消极气球”爆炸了！！

1 “愤怒的气球”过度膨胀时会发生什么呢？

（例）和朋友吵架

2 “悲伤的气球”过度膨胀时会发生什么呢？

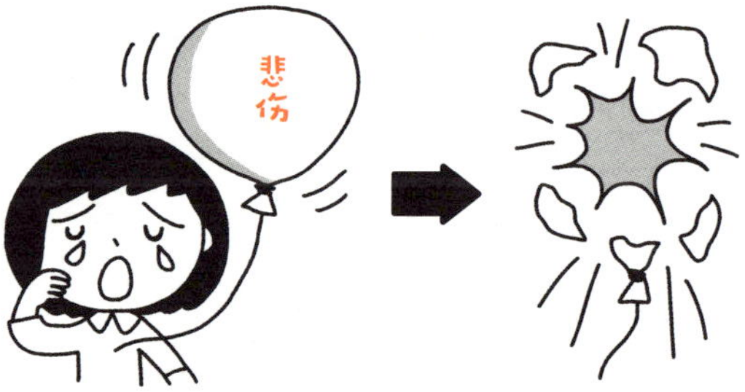

（例）无精打采

3 “恐惧的气球”过度膨胀时会发生什么呢？

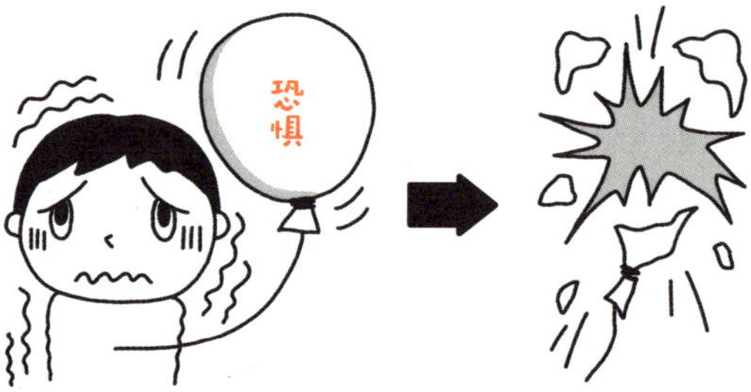

（例）失眠

写给成年人的话

消极情绪其实是很重要的情绪类型，若将其定义为“不应产生的感受”，那人们就会刻意去压抑，而这种做法反而是不健康的。所以处理消极情绪的基础，首先是肯定它。具体方法我们会在“第 6 章　提高自己的复原力”中详细介绍。

积极训练 7

消极情绪是成长、成功的基础

认识消极情绪的必要性

消极的情绪若过于强烈，会给人带来烦恼（积极训练 6）。

所以，很多人会尽力避免自己产生消极情绪。

但是，体会过“悲伤”的人，往往会对身边的人更加温柔。

有人为了平复内心的“不甘”，会通过大量的练习让自己变得强大。

有人会因为“愤怒”，投身社会公益活动。

很多人正是因为消极情绪的激励，才得以成长或取得成功。

所以要记住，即便是消极的情绪，对我们也是有所帮助的。

练习　采访“消极情绪所激发的成功体验谈”

1 你是否有过因“不甘”“愤怒”“悲伤”“不安”等消极情绪的产生，反而使自己获得成长或成功的经历呢？向身边的大人问问这个问题吧。

多找一些大人问问这个问题吧！记得要拿个笔记本，把听到的都记下来哦。采访结束后千万要记得感谢对方哦。

2 将采访过程中的感受记录下来吧。

听完这些采访内容，当你下次再产生负面情绪时，你会怎么做呢？

____

____

____

____

写给成年人的话

据美国心理学家罗伯特·B. 迪纳博士的统计显示，人一生中约20% 的时间是消极的，若能从这 20% 的时间中获取正能量，那么无论是在工作上还是学习上都会获得成功，人生也会因此而幸福美满。孩子们通过对大人的采访，聆听大人的经验之谈，能够从中学习如何正确利用自己所产生的消极情绪。

积极训练 8

尽可能增加积极的情绪

■ 尽量保持积极状态

发自内心的笑，能增强人体的抵抗力，让我们健康长寿。

努力学习后所取得的好成绩，会令人更加充满动力，更加发奋地努力学习。

和朋友玩得特别开心，会令朋友间的关系变得更加亲密。

积极的情绪，往往会让人变得更加积极。

当你感觉快被消极情绪击垮时，试着去做一些会让你产生积极情绪的事情吧，因为积极情绪能够缓解你的消极情绪哦。

练习 3 件开心的事情

回顾一天的生活，写出所产生的 3 种积极的情绪。

（例）放学后和小诗一起玩，特别开心！

理由：因为是小诗主动邀请我一起玩的。

①

理由：

②

理由：

③

理由：

在一周时间里，记录所产生的积极情绪，并思考这些情绪产生的原因。每天睡觉前来挑战一下这个训练吧。你会从中获得能量哦！

练习 和朋友分享你的好心情

将上面列出的“3 件开心的事情”讲给朋友听。讲完自己的，再听朋友讲讲他的“3 件开心的事情”。

①讲完自己的开心事，要对朋友的倾听表示感谢。

②听对方讲述时要面向对方，不时点点头或回应一下，认真听到最后。

③不要说“那样不好”“你说的是什么啊”等否定对方的话。

④和家人也做做看吧。

写给成年人的话

在一天即将结束之时，想出这一天中完成得很好的 3 件事，无论大事、小事均可。再想想为什么能够完成好，将理由写下来。若能持续 1 周都这样做，幸福感就会大幅增加。而且有研究表明，这种行为能令有抑郁倾向的人症状持续减轻，其中时间最长的甚至达到了 6 个月。还可以让家人也加入，互相讲讲自己的开心事。

积极训练 9

用心体会积极的情绪

好心情可以不断回味

昨天的郊游特别开心，

但今天在学校和别人发生了争执，心情又变得好差。

积极的情绪虽然能够让人变得更加积极，

但并不会像消极情绪那样持续很久，

反而会很容易消失。

所以当积极情绪产生时，

为了记住这种感受，一定要去细细体会。

这一过程也可被称为“品味”（savoring）。

通过品味，积极情绪对人所产生的影响会变得更加强烈。

练习 制作“品味相册”

从下列“情绪气球”中选出 3 个，并收集能够表达这 3 种情绪的图片或者照片，制作成一本相册吧！

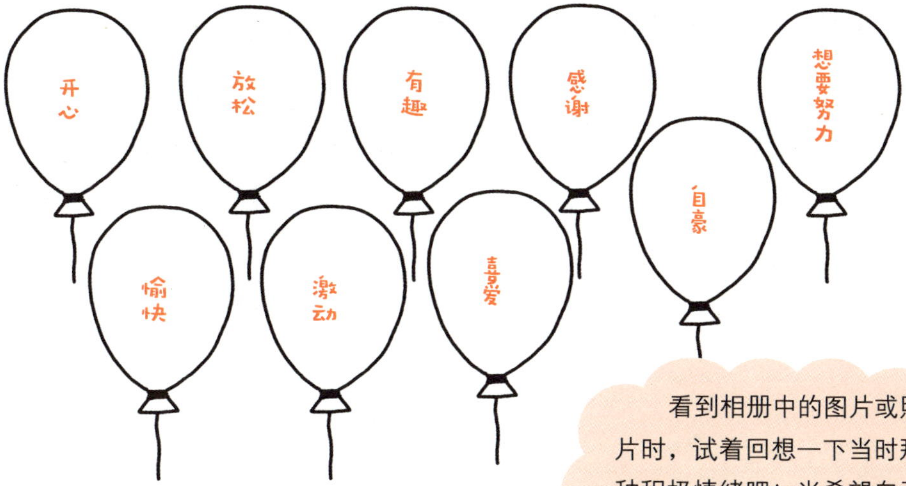

看到相册中的图片或照片时，试着回想一下当时那种积极情绪吧！当希望自己拥有好心情时，你也可以翻看这本相册哦！

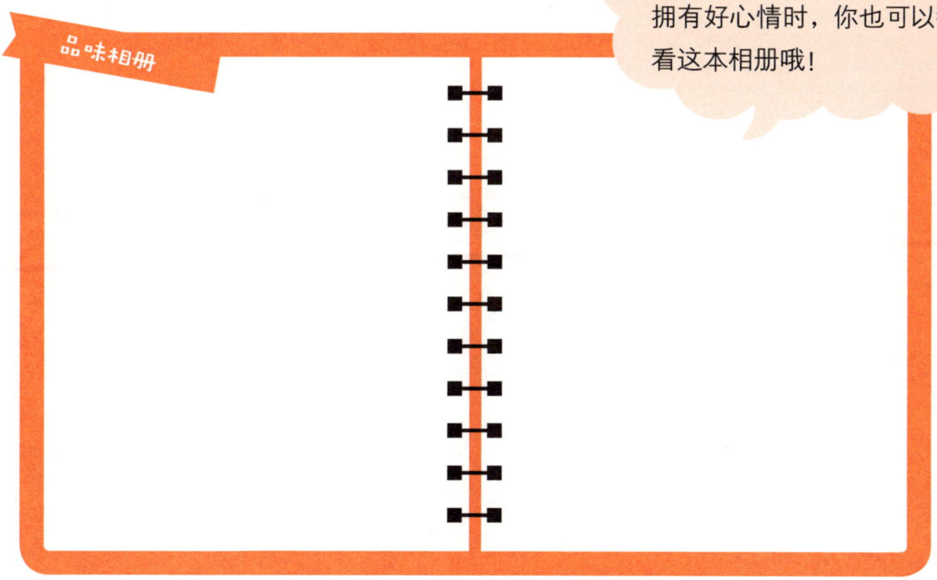

写给成年人的话

人们常说，积极情绪并不会像消极情绪那样持续很久。所以，我们要利用一些能够令人回想起好心情的照片或道具，去回味当时的情绪，并养成“品味”的习惯。也可以多和朋友、家人聊聊曾经的快乐时光，偶尔还可以找出相册一起翻看，分享过去的美好回忆。

专栏①

理解万岁

一个小朋友在公园里跌倒，“哇——哇——”地哭了起来。不知是不是因为太疼了，孩子哭个不停。这时，孩子妈妈跑了过来，于是有了如下对话：

“怎么了，摔跤了？”

孩子哭着点了点头。

“摔疼了吧？有没有吓到？”

孩子望着妈妈，说：“嗯，吓了一跳！又疼又吓了一跳！”说完这话，孩子竟然停止了哭泣。

为何会如此呢？这是因为，当孩子的“疼痛”与“害怕”被妈妈温柔地理解与包容时，孩子的内心就会因此而平静，并且心情也会变得明朗。

其实，对于我们来说也一样。心情不好（情绪消极）时，向人倾诉可以减少我们的负面情绪；心情好（情绪积极）时，与人分享可以增加我们的幸福感。所以，多将自己的心情与他人分享，这样不但能使自己心情变好，也会让自己感到更幸福。

同时，当朋友与我们分享他的心情时，我们也要扮演好倾听者的角色。我们的理解与包容同样能消减朋友的坏情绪，让他拥有好心情，两人之间的关系也定会因此而更加亲密。

第 2 章

了解身心之间的联系

想每天都被幸福所包围，

首先要足够了解自己。

我们可以通过放松身心、健康饮食，以及充足的睡眠，

来调整身体的状态，恢复自身的活力。

这样一来，我们不但能够充分发挥自己的能力，

还会有勇气迎接未知的挑战。

在第 2 章中，我们会教给大家如何接收自己身体所发出的信息，如何感知自己内心的状态，以及怎样调整自己的身心状态，让自己恢复活力。

积极训练 10

上课时，每次举手心脏都会扑通扑通跳得厉害，手心还会出汗

认识压力给身体带来的变化

老师说：“会这道题的同学请举手。”

有些人明明知道答案，却犹豫不决，不知该不该举手……同时，还会心跳加速，手心也开始冒汗。

这是因为我们不确定自己的回答是否正确，自己能不能表达清楚，于是，紧张的情绪通过身体反映出来。

我们将心脏每分钟的跳动次数称作心率。不仅是紧张的时候，愤怒、恐惧、兴奋同样也会使我们的心率升高。另外，由于我们的身心有着紧密的联系，所以压力也会令我们的手、腋下等部位出汗，或是身体的其他部位，以其他方式表现出来。

练习　缓解心跳加速

1　测量心率

①左手手掌向上放平。

②将右手食指、中指、无名指放在左手与大拇指同侧的手腕处，找到脉搏跳动处。

③测量 10 秒钟内脉搏跳动的次数，再用数值乘以 6。

我现在的心率：□次 ×6 = □次 / 分

心脏每分钟跳动的次数称为心率。

2　试着让自己心率上升

④什么时候心率会上升呢？试试给老人让座，或是看部恐怖片吧！

□时，

心率增加至□次 / 分

⑤如果身体还出现了其他变化，记录下来。

（例）出汗。

当你平静或激动的时候，能察觉到身体的变化吗？当你准备让自己心率上升时，一定要选择有大人在身边陪伴的时候。另外，心率过快或持续时间过长还会对身体造成不良影响，所以要为每一次尝试设定一个合理的时间。

3 怎样才能让心率平稳下来?

⑥想一想，有哪些方法能够让心率平稳下来，并尝试一下。

做 ＿＿＿＿＿＿ 后的

心率 = ＿＿＿ 次 / 分

想象一些开心的事，做做深呼吸，可以帮助你将心率降下来。

写给成年人的话

消极的情绪有可能引起心血管的异常，而积极的情绪则可以减轻甚至消除这些异常，这一现象也被称为“积极情绪的消除效果”。因此，可以利用积极的情绪抑制我们身体的某些生理反应。而要做到这一点，需要我们了解在压力与放松状态下身心状态的不同，同时还要学会及时觉察自己的情绪变化并能够做出适当的回应。

积极训练

11 明明做了充足的准备，可到了正式场合还是会发挥失常

■ 试试正念减压呼吸法

明明为考试做了充足的准备，进了考场却头脑一片空白。比赛马上要开始了，身体却变得不受控制，心跳也越来越快。类似这样，虽然已经为了某件事情拼命地练习，做足了准备，却在正式开始前变得紧张、不安，以至于影响了发挥。这种情况是任何人都有可能遇到的。这时，可以找一个安静的场所，尝试一下“正念减压呼吸法”。这个方法不但可以使我们的身体得到放松，恢复平静的状态，还能帮助我们发挥应有的实力。当你感到不安、恐惧，或即将控制不住自己的怒气时，一定要尝试一下这个方法哦。

练习　正念减压呼吸法

1　一二年级学生

①仰面躺在地上，在肚子上放一个毛绒玩具。

②努力将肺中的空气排空。

③用鼻子缓慢吸气，心中默数 1，2，3，4……

④用鼻子缓慢呼气，将气息尽可能拉长，同时看着肚子上正随着你的呼吸一上一下的毛绒玩具。

你是否在用嘴呼吸？如果是，那试着闭上嘴巴，改用鼻子呼吸。因为用嘴巴呼吸不但容易令人患感冒，还容易导致注意力下降。但如果实在无法做到，也不必勉强。

全身放松，尽量用气息把腹部撑大。

不要想其他事情，把注意力集中在毛绒玩具上。

2 3~6 年级学生

①后背挺直，同时靠在椅背上。

②用鼻子吸气，控制气息，尽可能将气息拉长，吸气速度减慢。不但要能感觉到胸腔扩大，同时要去感受腹部被气息撑大。

③当无法再吸入更多空气后，开始缓慢通过鼻子呼气，体会腹部逐渐凹陷的感觉。

④重复步骤②③。

呼气时尤其注意，要仔细体会气体都经过了身体的哪些部位，是怎样慢慢离开我们身体的。大脑中不要想任何事情，将注意力集中在呼吸上。

写给成年人的话

正念减压是指不带批判，不带好恶，仅依靠身体的感官，去感受当下正在发生的事情的行为。当我们把所有注意力放在我们的呼吸，或我们的身体上时，我们就可以意识到“现在”的自己正处于什么状态，而这可以让我们的心情变得平静。先给自己设定一个小目标，尝试每天练习 15 分钟，并坚持一个月。

当孩子无法很好地控制自己的情绪时，请家长和他一起练习正念减压呼吸法。

积极训练 12

被日常生活压得喘不过气

学会放松

学校的作业、兴趣班的学习……对孩子们来说，每天的生活都很忙碌。除此以外，还要承受来自妈妈的唠叨……

随着课业的加重，以及不愿做却不得不做的事情越来越多，孩子们的压力也会越来越大，甚至会出现胸闷、胸口痛、身体不自觉地发抖、呼吸困难、肚子痛、冒冷汗等症状。

当孩子出现这些症状时，家长们一定要引起注意，但也不必过分焦虑。

因为只要教会孩子如何放松，孩子自然会从中领悟到如何面对生活中的困难与不如意。

练习　挑战“变身”瑜伽！

1　树式

①腰背挺直。提起右脚，将重心放在左脚。将右脚底贴于左膝内侧。

②感受支撑脚像生了根一般，即便有风吹来也不会晃动。

③双手合十，慢慢高举过头部，做 3 次深呼吸。

④将手脚收回，左右交换再做一遍。

2　眼镜蛇式

①俯卧，双脚分开，与肩同宽。

②双手放在胸部两侧，吸气的同时用力推地，使上半身抬起。

③想象自己变成了一条眼镜蛇，找找看，猎物在哪儿？做 3 次深呼吸。

④恢复初始姿势，稍作休息，再重复一遍上面的动作。

3 草原上的午睡（平躺式）

①仰卧，双脚微微分开，手心向上，将双手放在身体两侧，并与身体保持一定距离。

②慢慢闭上双眼，让自己完全放松下来。

③深呼吸，注意速度要慢，感觉自己仿佛与大地融为一体。

④若头脑中冒出什么念头，用正念减压呼吸法（第 36 ～ 37 页），将注意力引回自己的呼吸上。

- 避免在饭后进行。
- 在身体可承受的范围内量力而行。
- 最后一定要以平躺式收尾。

写给成年人的话

在做瑜伽的过程中，我们会将注意力放在我们的呼吸及身心状态上。而关爱自己的身心，也能增强我们对自己的理解。另外，练习瑜伽时，通过对姿势、呼吸的调整，同样可以使我们的情绪稳定。除了上面介绍的几个体式外，还有很多体式也适合孩子练习，家长可以和孩子一起挑战一下。

积极训练

13 上课时忍不住打瞌睡

认识睡眠与身心发展的关系

有些孩子在上课时会因为犯困而头脑发蒙。对于 1 ～ 3 年级的学生来说，一天的睡眠时间应为 10 小时，4 ～ 6 年级的学生也应有 9 小时。你每天能睡几小时呢?

在我们入睡后，我们的身体其实是在为第二天做准备。

① 充分的休息，可消除一日的疲劳，令我们第二天精力充沛。

②利用白天摄取的营养，让我们长得更高，身体更强壮。

③充足的睡眠让我们有精力巩固白天所学知识。

若睡眠时间不够，身体无法为第二天做好准备，就会出现头脑不清醒、记忆力减退等情况。因此早睡相当重要。

练习　离我远点，瞌睡虫！

思考一下，如何才能做到早睡呢？

●小海的做法

●怎么才能早睡呢？给小海些建议吧。

电视节目太有趣，一不小心就看到了深夜……

电视或手机的强光会让大脑处于兴奋状态。

____

____

____

●你的做法

●怎么才能早睡呢？给自己些建议吧。

想想有哪些放松方法，怎样才能让房间变得有助于入睡。

____

____

____

练习　用想象创造一个“焦虑储藏盒”

因为烦恼或焦虑而睡不着觉的时候，可以想象出一个“焦虑储藏盒”，把令自己睡不着的事锁进盒子里。

过几天再打开“焦虑储藏盒”，看看那件曾经令你焦虑的事现在会给你带来什么感觉。

“焦虑储藏盒”可以暂时帮你保管那些烦恼与焦虑。这一方法除了可以通过想象，还可以真的制作一个这样的盒子放在房间的角落里。

写给成年人的话

据调查显示，小学高年级的孩子中，22 点之前入睡的孩子普遍表示“学习是件开心的事情”“喜欢运动”“精神状态很好”；而 23 点之后睡觉的孩子中，有“上午会犯困”“身体不舒服”“心情烦躁”等情况的占比相当高。另外，还有研究表明，睡觉越晚、睡眠时间越短的孩子，成绩越差。

积极训练 14

不愿出门玩，就喜欢在家打游戏

■ 增加血清素分泌，保持大脑健康

孩子正在家玩游戏，这时妈妈过来说：“该去外面玩会儿了哦！”明明打游戏有趣得多，为什么非要去户外玩呢？

在我们吃东西、思考问题、为某些事而感到开心、活动手脚时，我们的大脑都是处于工作状态的。

所以，让我们的大脑保持活力是一件很重要的事。

为了使大脑保持活力，我们需要增加大脑中血清素的含量。能够沐浴阳光的室外运动，可以使我们的身体分泌大量血清素。而只要我们的大脑能够保持活力，即便身心都感到疲劳，也可以很快恢复。

练习　大脑活力值调查

1 你的大脑有活力吗？

在做到的事后标“○”，一周后数一数有几个“○”。

我的一周

	星期一	星期二	星期三	星期四	星期五	星期六	星期日	合计
晒太阳								
户外互动（运动）								
晚上 9 点前睡觉								
高质量睡眠								
早起								
好好吃早饭								
放松身心								

2 数数有几个“○”，在对应的表格中涂上颜色。

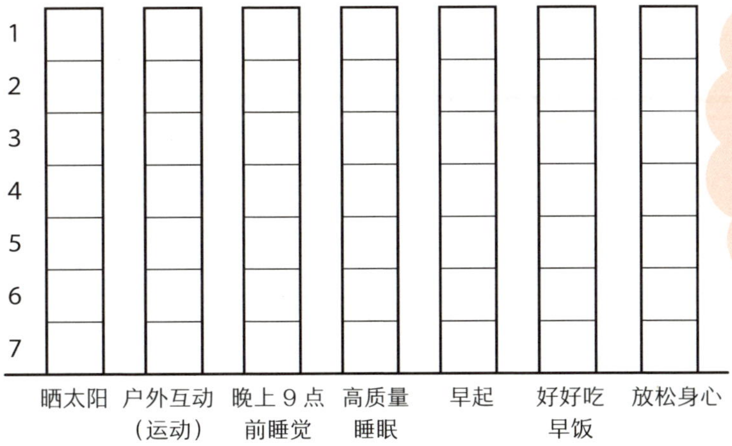

若表格中的色块很多，那就按这种节奏继续努力。若色块较少，那就需要好好考虑一下，如何增加色块的数量。

写给成年人的话

血清素是我们大脑中的重要物质，它的作用是调节身心平衡。为了让大脑中的血清素保持在一定的水平，不但要注意日常饮食的营养均衡，做适当的运动，还要尽量避免在生活中积累过多的压力或不安的情绪。当一个孩子表现出好动、坐不住等状态时，不要轻易认为孩子的本性如此，而是要先关注孩子的日常生活。

积极训练 15

被强迫吃不喜欢的东西

了解三大营养素

妈妈总会因为我不吃青菜而生气，可我真的不爱吃啊！一点儿都不爱吃！但是为了保持身体健康，下面这三大营养素是必不可少的。

第一种是能够转化为能量的营养素。因为当我们学习、运动、做游戏，甚至呼吸、睡觉时都会消耗体内的能量。

第二种是组成我们身体的营养素。无论是我们的皮肤、骨骼、肌肉还是内脏，都是由我们从食物中获取的营养素组成的。

第三种是调整我们身体状态的营养素。当我们缺乏这类营养素时，就容易感冒或患上其他疾病。

练习　“营养战队三护卫”集合！

当遇到这种情况时，就让“营养战队三护卫”来帮助你吧。

吃饭的时候，一定要确认一下“三护卫”有没有来哦。

写给成年人的话

为了均衡摄入三大营养素，需要我们对食物及其组合有一定的了解。“运动护卫”主要由糖分与脂类组成；“合成护卫”主要由蛋白质组成；“守护护卫”主要由维生素和微量元素组成。

期待已久的事最终却无法参加

积极的情绪可以提高人体的免疫力

今天学校组织春游，可自己却因为感冒而不能参加。

明明很期待和朋友们一起去玩……

正在家中发呆时，妈妈拿来了我最喜欢的果冻，还给了我一个大大的拥抱，心中的不快与寂寞立时缓解了许多。

当期待已久的事情无法实现时，无论是谁，活力值都会瞬间清零。

若本来身体就不好，那影响就更大了。

这时候，如果有人安抚一下、抱一抱，或主动去牵牵别人的手，那心情就会好转，活力值也会恢复一些。

练习 活力值测量表

1 将活力值分为 10 个等级，你现在的活力值处于哪个阶段呢？在测量表上用颜色表示出来吧。

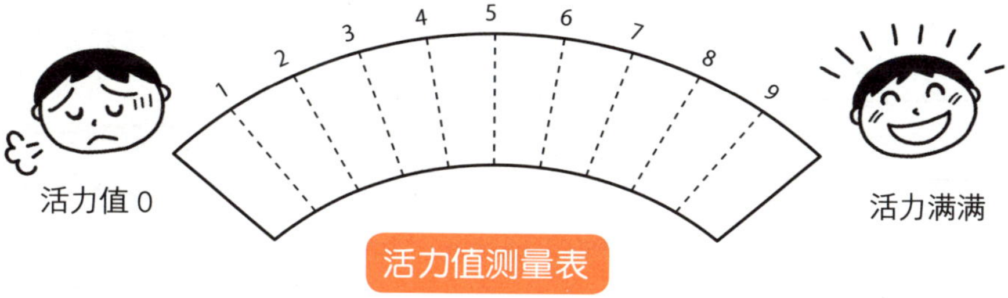

2 因生病而沮丧时，活力值有多少呢？回想一下生病时的状态并涂上颜色吧。

任何人都会有活力四射的时候，同样，也会有无精打采的时候。打不起精神其实并非是件坏事，完全不用为此而担心哦。

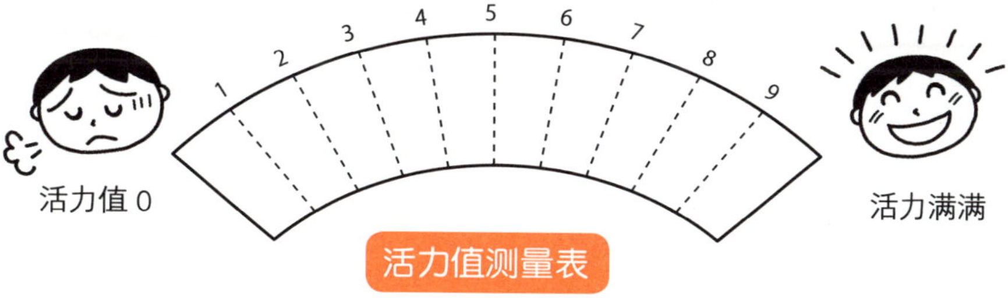

3 因生病而沮丧的时候，怎样才能让活力恢复满值呢？把你的秘诀写下来吧。

（例）让妈妈抱一抱 / 读自己最喜欢的书 / 发呆

每个人都有自己恢复活力的方法，所以即便自己的方法和朋友不一样也没有关系哦。这里可以记录别人为你做过的事，可以是你自己做的事，也可以是你想尝试或是希望别人为你做的事。去找到属于你自己的最佳方法吧！

写给成年人的话

生病或受伤都会让人感到消沉。但有研究表明，积极的情绪有助于提高人体免疫力。因此，让我们的内心恢复活力，对我们的身体也会产生良性影响。当我们找到恢复内心活力的最佳方法后，即使感到情绪低落，也可以更快地从这种消极情绪中走出来。

专栏②

学会放松

你听说过心理压力吗？

在每天的生活中，所有那些让我们感到棘手的事，或是我们不愿去做的事，都会对我们造成一定的心理压力。

即便是孩子，也会因为学习、考试，或是与家人、朋友产生不愉快而感到有压力。当我们压力过大时，甚至会出现胸闷、气短、发抖、出汗、肚子痛等症状。这都是身体在提醒我们心理压力太大了。当身体出现这类反应时，原本美好的一天就会变得不那么美好。

但是不用担心，只要我们学会放松，就有能力面对那些原本会给我们造成压力的事情。听听音乐、和朋友聊聊天、看看书……这些都可以缓解我们的压力，但最重要的是找到适合自己的方法。

另外，要想每天都过得开心，一定要学会爱自己。

放松身心、吃点好吃的、好好睡觉、做做运动等，这些都能调节我们的身体状态，并让我们拥有好心情，因为身心是一个整体。

●和家人、朋友一起放松一下吧

①2人一组，一人背对另一人坐下。

②面向对方的人把手放在对方肩上，让对方感受到自己手掌的温度。

③轻抚对方的肩膀与后背，并持续此动作一段时间。

④两人交换位置重复上述动作。

第 3 章

找出并发挥自己的优点

说起“优点”这个词，你会联想到什么呢？

跑得快？可爱？还是聪明？

你有没有体会过，自己在不经意间做了某事，却获得了周围人的称赞？

很可能这就是你的优点。

只要我们把握住自己的优点，就能够活出我们应有的样子。

在第 3 章中，我们将学会如何发现及发挥自己的优点。

积极训练 17

个子又矮、跑得又慢，完全没有可取之处啊

■ 认识优点包含哪些类型

你是否听说过“优点”这个词呢？或者被称作“特长”“强项”“长处”“好的地方”。跑得快、个子高、可爱等也许都可以被称为优点，但这里我们讲的并不是这些外在特征，而是思维方式、性格等内在特点。例如，好奇心强、体贴、幽默。若一个人的想法总是很有趣，喜欢思考“怎样逗朋友们笑”，那么“幽默”就是他的优点。

若我们能够充分发挥自己的优点，那我们的潜能也会逐渐被激发出来。同时，不仅是我们自己，身边的人也会因我们而变得快乐起来！

练习 24 类优点

优点主要包含 24 种类型。让我们看看都有哪些吧。另外，我们在本书第 175 ～ 177 页对“优点”做出了详细的解读，大家可以结合本章一起阅读。

好奇心

求知欲

创造力、独创性

有全局观

头脑灵活

诚实

热情

坚韧

勇敢

友爱

擅长交际

体贴

公平

有团队精神

有领导力

心胸开阔

有自制力

考虑周全

谦虚谨慎

懂得感恩

乐观

审美力强

有信念

幽默

写给成年人的话

优点，在不同的社会及文化背景下都被认为是一种美德，是一种正向且很重要的气质。我们若能认识到自身的优点，并积极地发挥，不但能提高我们的自尊心、自信心、意志力、幸福感、满足感等，还会使我们的抗压能力变得更强，目标更容易实现。

积极训练

18 好厉害啊，好想变得像朋友一样棒啊

找到自己的优点

什么都不怕的太郎，前几天挑战了骑独轮车。

和他相比，我胆子小，什么都不敢尝试。

太郎好厉害啊！

要是能和太郎一样多好啊……

你有过羡慕朋友的时候吗？

你是不是认为自己没有优点？

如果是，那你就错了。

其实你也有优点。太郎说不定也在羡慕你呢！

现在，就让我们来寻找自己的优点吧！

练习　找到自己的优点

1 在第 59 页中列出的“24 类优点”中，找到符合自己的。

优点　　优点　　优点

也可以选择“喜欢发挥这个优点时的自己”。选出 3 个左右。

2 有过什么趣事吗？

______________________________的时候，

我尝试做了______________________________，

我感觉______________________________。

回想一下，你的优点被激发出来时发生了什么趣事？当时你的感受是怎样的呢？

3 将你选择的优点，用自己的话表达出来。

优点

（例）好奇心强 → （例）遇到不懂的事，总会想方设法弄明白。

最重要的是，你要相信这就是你的优点。

若被选中的词语本身就与你很相符，或想不出其他代替的词语，那在方框中再抄一遍即可。

写给成年人的话

不要把注意力放在“孩子不擅长的事情”上，而是要借助“24类优点”，去发现“孩子擅长什么”。当然，当家长意识到孩子的优点时，也不要单方面给孩子“贴标签”，而是通过询问孩子的感受等方式，引导孩子意识到自己的优点。

积极训练 19

被别人称赞“体贴”，可自己并没意识到做了什么特别的事

扩大自己强项的领域

公园里，一个小男孩被几个大孩子围住，看起来就要哭了。我对那些大孩子说：“你们吓到他了，别这样。”就这样，我帮小男孩解了围。这时朋友竟然夸我“又体贴又勇敢”。可我只是做了该做的事啊。有些事，在我们自己看来也许是理所当然，可在他人看来，却是别人无法做到的。

这就是你的优点。其实，你还有很多连自己都不知道的优点，但你周围的人，如朋友、父母、老师等，他们却已经发现了。

快去问问他们你有哪些优点，让自己变得更强大吧。

练习 通过对他人的采访，发现自己的优点

1 对照 59 页的“24 类优点”，找一些了解你，并且会将你的优点告诉你的大人，对他们进行一次采访吧。

在采访过程中，要坦率地听取对方的意见，并且最后不要忘记向对方道谢。若对方回答“不知道”，可以拜托对方：“若想起来，请一定要告诉我。”

2 整理采访过程中获得的信息

①你眼中自己的优点，与别人眼中你的优点，是否相同？

□相同　□不同

②当知道别人眼中自己的优点时，有什么感受呢？

③有哪个优点是你希望自己具有的？

“原来如此！”“是这样啊！”“我都没意识到！”这些出乎你意料的部分，值得仔细考虑。

写给成年人的话

无论什么样的孩子，都有自己的优点。但孩子眼中自己的优点，与其他人眼中他的优点，有时一致，有时却是不同的。一致时，说明孩子的优点得到了周围人的认同；若不一致，那孩子的优点又可以再增加一项。所以家长要将“24 类优点”熟记于心，并在日常生活中用心观察孩子的一言一行，一旦发现孩子新的优点，要及时告诉他并给予肯定。

积极训练

20

自我介绍，说些什么好呢？

■ 用自己的优点树立自己的品牌

你在做自我介绍的时候，都会说些什么呢？当然，姓名肯定是要介绍的。有些人可能还会介绍自己的绰号、兴趣或不喜欢的事物。但有时，我们依然会为不知该说些什么而发愁。

自我介绍，是加深他人对自己了解的绝佳机会！所以何不趁机将自己的优点展示给大家呢？那么，你有哪些优点呢？

如果把某个优点比喻成一件物品或一种动物，你认为它像什么呢？

你的这个优点，能为你身边的人带去怎样的幸福呢？

好好考虑一下，怎样在自我介绍时描述自己的优点。

练习 用自己的优点进行自我介绍

用比喻的方式来表现自己的优点。

①我的优点是什么？

（例）考虑周全。

优点

②具体表现是什么？

（例）会在认真考虑过后才做出回答。/ 因为需要认真思考，所以有时无法马上做出回答。

从正反两方面进行分析。

③怎样利用我的优点帮助其他人？

（例）当朋友遇到问题来询问我的意见时，我可以帮他进行全面的分析。

④你会将有这种优点的自己比喻成什么？

（例）乌龟。

汽车？动物？食物？什么比喻都可以哦。

⑤想一句符合自己的宣传语。

（例）不紧不慢的乌龟。

⑥用一幅画来表现自己的优点吧!

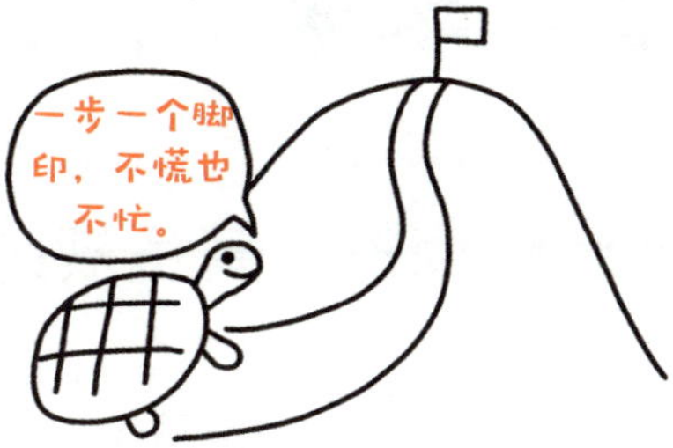

写给成年人的话

从自己的优点出发进行自我介绍，这样做的目的是让他人更加直观地了解我们是什么样的人，与其他人有何不同。这个练习若交由孩子独立完成，还是有一定难度的。希望家长在激发孩子想象力的同时，不断挖掘孩子的优点。因为被他人肯定能够让孩子更爱自己，而越爱自己的人，越能够体会到生活中的幸福。

积极训练

21 红灯！闯了！车来了！！

知晓优点的“黄金规则”

若你任由自己“勇敢”的优秀品质自由发挥，有可能会使你身处险境，甚至有可能会受重伤。那你还会那样做吗？

比如，无视红灯任意在马路上穿行，则很有可能会被汽车撞伤。

所以，即便是优点，如果使用不当，也有可能伤害到自己，或是给我们身边的人造成困扰。

那么，优点究竟要在什么情况下发挥呢？

请考虑一下如何正确发挥优点吧！

练习 优点的正确发挥方式·错误发挥方式

1 你认为如何发挥优点才是正确的呢？在你认为正确的场景前画“○”，错误的场景前画“×”。

优点

幽默

< 把欢笑看得很重要 >

把欢笑、开心看得十分重要。喜欢逗大家开心，经常会冒出一些有趣的想法。在很多场合都会表现得很乐观。

○ ×	场景
	提出让大家都尽兴的方案。
	被批评时还会满不在乎地开些不得体的玩笑。
	通过取笑他人来寻开心。
	为了让情绪低落的人恢复好心情，想办法逗他开心。
	总喜欢让别人讲笑话。

2 选择自己的一个优点，分别考虑一下正确及错误的发挥方式都有哪些。

选出的优点

（例）人际关系

正确的方式	错误的方式
（例）和朋友一起商量出游的日期。	（例）朋友正在集中精力学习，我却去找他聊游戏的话题。

在做游戏、学习以及做家务时，你的优点得到过怎样的发挥呢？这种发挥方式是否正确呢？

写给成年人的话

优点往往被认为“应有意识地尽量发挥出来”。但“热心”若用错了场合，反而可能会变成“多管闲事”。所以我们还应意识到，优点的发挥也要遵循一定的规则。我们要学会“在合适的场合，用合适的方法，将合适的优点，以合适的程度表现出来”。和孩子一起思考一下，如何才能更好地发挥自己的优点吧。

积极训练 22

一遇到“泼冷水”的人就会感到很郁闷

要认识到每个人都有属于自己的优势

小光总喜欢在大家都很积极的时候，突然冒出一句“感觉这样会失败啊”，特别打击大家的积极性。

可如果不尝试一下，又怎么能知道会不会成功呢！

不过，就像你有优点一样，小光也有她的优势所在。

而且在她表示担心时，也许正是她在发挥自己的优势。

每个人都有属于自己、不同于他人的优点。

若能够接受别人与自己的不同，那就可以和对方成为好朋友。

在自己遇到麻烦时，对方也很可能会出手相助哦。

练习　发现周围人的优点

1 阅读民间故事《桃太郎》，分别指出桃太郎、小狗、猴子和稚鸡的优点。

桃太郎 	（例）有领导力
小狗 	
猴子 	
稚鸡 	

一个人的优点有时可能不止一个。仔细阅读故事，认真考虑每个角色的特点及其优点，并说出理由。

2 找出朋友、父母或身边其他人的优点，并告诉对方。

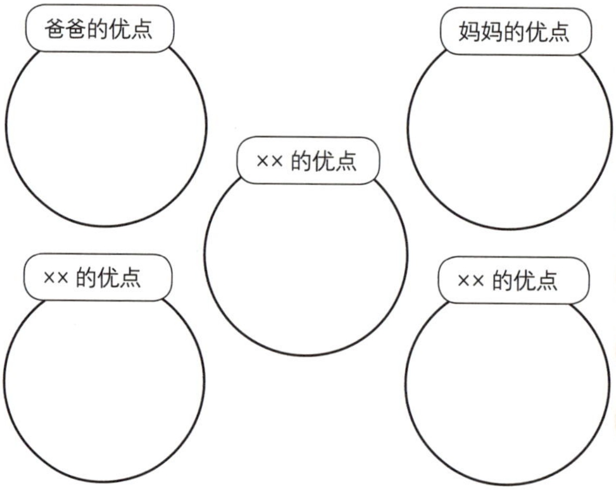

●当发现对方的优点时，要立即告诉对方。

●表达时要面带微笑，心怀友善。

●灵活运用“好厉害”“不愧是你”“太出色了”等词语。

●将你认为出色的地方，具体描述给对方。

●若对方也说出了你的优点，记得向对方表示感谢。

写给成年人的话

大多数孩子只会从自己的角度看问题，这一现象被称为“自我中心偏差”。因为这时的孩子还没有意识到“其他人与自己是不同的”。所以大人要积极地去发现周围人的优点并告诉孩子，给孩子做出良好的示范，帮助孩子发现其他人各种不同的优点。

积极训练 23

明明想温柔待人，一张嘴却说出了戏弄的话语

给自己找个榜样

心里特别想和亚希成为好朋友，却总是忍不住戏弄她。

亚希心烦时，明明知道应该温柔地陪伴她，却还是会半开玩笑地捉弄她，故意惹她生气。

这个时候，你应该怎样发挥自己的优势呢？

若是一人埋头苦想，很可能会找不出头绪。

毕竟方法很多，有些你能够想到，有些你可能想不到。

所以，最好的办法就是先确定自己想发挥的优点，然后找到具有此优点且能将此优点完美展现出来的人，并去模仿他。

练习 为自己找一个榜样

在自己的优点中选出你希望得到更好发挥的一项，然后找到一个能够将这一优点完美展现出来的人。

这个人可以是你的朋友、父母、爷爷、奶奶、学校的老师，甚至可以是邻居的叔叔阿姨。仔细观察这个人平时是怎样发挥这一优点的，并将要点记录下来。

首先要给自己定一个目标，可以是“一天发现一个要点”，也可以是“一周发现一个要点”，还可以换另外一个优点试一下。另外，若能将你的发现以文字的形式记录下来，那日后定会对你有所帮助。这个过程也许会很顺利，也许会遇到困难。但要记住，无论遇到什么情况，都要保持思考“怎样才能做得更好”。

谁	（例）朋友小弘
什么时候	（例）遇到了正在为行李太重而发愁的小阳
做了什么	（例）说了声“我帮你吧”，然后和小阳一起把行李搬进了宿舍
结果怎样	（例）小阳笑着对他说“谢谢”
这个人的优点是什么	（例）体贴
你想向他学习什么	

写给成年人的话

如何才能正确地发挥自己的优点，这是一项需要学习的技能。而最佳的学习方式，就是从模仿开始。首先，让孩子仔细观察被模仿人，并帮助孩子发现对方身上值得模仿的特质。除此之外，还要督促孩子多多实践。而这样做的最终目的就是让孩子通过独立思考形成一套属于自己的正确的表达方式。

专栏③

让大家都认可自己的优点

没有人天生就知道自己有什么优点。另外，大家往往也会更在意“自己没能做好的事情”，例如，因为得意忘形而被批评，因为学习不好或不擅长体育运动而情绪低落等。

但是从现在开始，请将你的注意力更多地放在“自己能够做好的事情”上。同时，对未能做好的事情进行理性的分析，找到“没能做好的原因”。在这个过程中，你会逐渐发现自己的优点。但这一优点也许只有你自己意识到了，其他人却没有发现。当然还有一种情况，就是别人发现了你的优点，但你自己却没有发现。无论是以上哪种情况，难道不都很可惜吗？毕竟你发挥优点的机会会因此而减少很多。

因此，要增加自己与周围人都认可的优点，并将其以最优的方式最大程度地发挥出来才是最重要的。为了达到这个目的，首先需要让身边的人了解你的优点，同时也要虚心听取大家所提出的建议。

只要学会如何发挥自身的优势，并且获得他人的认可，那么我们对自身的认可度也会提升，自信自然也会随之增加，每天的生活也会因你而变得更加美好。所以，请立即行动起来，去发现自己的优点，并利用它让自己的每一天都过得快快乐乐吧。

第 4 章

享受挑战的过程

当我们沉浸在一件事情中时，

往往会感觉时间转瞬即逝。

而做不喜欢或是难度太大的事情时，

又会觉得时间停滞不前。

当你沉浸在某件事情中时，其实也是你自身获得飞速成长之时。

在第 4 章中，我们会为你介绍激发动力的方法；树立自己的梦想，找到通往梦想的阶梯的方法；还会教给你如何挑战自己的梦想。

积极训练

24 数学课好无聊啊

有意识地发现能让自己全身心投入的事情

数学课上，总会因为听不懂而感到无聊，盼望着早些下课。

而和朋友踢足球时，却感觉时间过得飞快。

人们在做自己喜欢的事情，或令自己开心的事情时，很容易全身心投入，甚至会因此忘记时间。

而能够如此投入地去做某件事情，本身就是很了不起的。

并且，这其中还隐藏着能够帮助我们成长的线索。

你在什么情况下会变得忘我呢？

找出能让你全身心投入的事情吧。

练习 寻找全身心投入的自己

仔细回想曾经让你很投入，以至于忘记时间的一件事。

何时？	
何事？	
当时的心情如何？	
有何感受？	
具体是什么让你感到快乐？	
周围的人是否向你提供了帮助或建议？	
你怎么看待投入做事的自己？	

要选择看电视、打游戏以外的事情。当然，可以忘我的事情越多越好。这样可以更好地帮助你了解自己在什么情况下会全身心投入。

写给成年人的话

当人全神贯注去做某件事时所产生的感觉，被称为“心流体验”。对孩子来说，这件事情本身要有乐趣，同时要在孩子的能力范围之内。在日常生活中，能够让孩子全身心投入的事情越多，时间越长，孩子就会感到越幸福、越充实，同时他的创造力与执行力也会获得提高。因此，请多留意除电视、游戏以外，有哪些事情能够使孩子全神贯注地投入，并和孩子一同想办法增加做这类事情的机会及时间。

积极训练

25 看起来好难啊！我不行的！

■ 改变消极的思维方式，让自己变得积极

向一个容积为 100 升的空水槽中注水，

先以每分钟 10 升的速度向水槽中注入 10 升水，

然后以每分钟 12 升的速度注入 20 升水，

再以每分钟 14 升的速度注入 30 升水，

最后以每分钟 16 升的速度注入 40 升水，

这时水槽刚好装满。

请问注满水槽共需（A）分（B）秒？

请在 A 处填写相应的整数，B 处填写相应的带分数。

今天的数学课上，老师突然通知要考试！心里好没底啊……你是否听到有一个消极的声音一直在耳边徘徊：“这么突如其来的考试我肯定考不好啊！”这个声音来自“恶魔”。

但如果你静下心来仔细倾听，又会听到另一个积极的声音在鼓励你：“不要担心！勇敢尝试！”这个声音来自“天使”。你经常听到的是“恶魔”的声音，还是“天使”的声音呢？大多数人在接触一件新事物时，都需要经过不断地学习、练习才能将事情做好。但如果任凭“恶魔”的声音在耳边转来转去，那我们就很容易只考虑负面信息。因此，越是遇到困难或挑战时，越要去倾听“天使”的声音，去思考“如何才能完成这件事”。

练习　恶魔的低语·天使的细语

啊！？怎么突然要进行数学考试啊！感觉好难啊！

这时的你，有没有听到“恶魔”的消极声音或“天使”的积极鼓励？

如果听到了，他们都说了些什么呢？

消极的声音

“恶魔”在用哪些理由，试图让你放弃呢？

（例）你不是不擅长做应用题吗，这次考试对你来说太难啦！

积极的鼓励

怎样的鼓励，会增加你的勇气及干劲儿呢？

（例）做错也没关系啊！这道题很有挑战性哦！先把题目仔细读一读吧。

每次最先出现在你耳边的声音，是“恶魔”的，还是“天使”的呢？若是“天使”的声音，那只要保持现在的状态即可。当然，如果是“恶魔”的声音也不必担心，因为“天使”也一直陪在你身边。仔细听听“天使”都在和你说些什么，想一想“遇到这种情况应该怎样做”，勇敢地向困难发起挑战吧。必要的时候也可以考虑寻求他人的帮助哦！

写给成年人的话

临近青春期的孩子，会开始在意他人的目光，也会开始将自己与他人做比较。当孩子意识到自己的能力有限时，就可能会产生畏惧失败的消极思维方式。因此，大人要在语言及行动上给予孩子勇气，并提供足够的支持，帮助他们形成“勇于挑战困难”“能够从失败中吸取经验”“通过努力可提高自己的能力”这样积极的思维方式。

积极训练 26

别人都好厉害啊，我可做不到

培养孩子的自我效能

当我们身边的朋友能够完成单杠翻转上杠，而自己却做不到时，很容易产生类似“他好厉害啊”“我不行啊”等想法。当人们准备挑战一件从未做过的或是难度比较大的事情时，大多会产生某种程度的不安或担心。

但是，你观察过刚出生不久的婴儿吗？他们是那么弱小，既不会说话也不会走路，那些对于现在的你来说可以轻松做到的事情，对婴儿来说却非常难。这其实正印证了你的成长。正是这许许多多逐渐“学会”的事，才造就了今天的你。

现在试着回想一下你到现在为止都“学会”了什么，这些事将成为你今后成长的动力来源哦。

练习　探索成长的动力来源

1 想想有哪些事是你在上小学以后才学会的。

（例）学会了写字 / 学会了跳箱子 / 交到了许多朋友

____

____

____

____

任何小事都可以哦！而且不要和其他人做比较，只要是“前不久还无法做到，但现在已经学会的事情”，都可以写出来。

2 学会这些对你产生了哪些影响？有哪些好处？

____

____

练习　“我做到啦”——能力提升大作战

画出自己的手掌，并在每一根手指上写下本周你想努力去做的一件事。每当完成一件，记得和老师、父母击掌庆祝哦！

这里不需要写难度太大的事情，只要写稍加努力就能做到的事情即可。

写给成年人的话

通过在一件件小事上获得成功，能够使孩子感受到“这些事只要我努力就可以做到”，从而达到培养其积极的思维方式，增强其自我效能的目的。当孩子无法顺利完成练习①时，家长可列举一些具体的场景帮助孩子回忆，例如“有没有哪件事是你一年级的时候做不到，三年级就能做到的呢？”，等等。另外，也不要拿孩子与其他人做比较，而是将关注点放在孩子自身的成长上。

积极训练 27

只要现在开心不就好了吗？

想象一下最出色的自己是什么样子

每次玩游戏或看漫画的时候，都是最开心的。要是能一直玩游戏该多好，要是能多看会儿漫画又该多好。为什么非学习不可呢？那么，你是否考虑过自己的将来呢？你希望将来成为什么样的人，希望从事什么工作呢？

若脑海中能够浮现出“希望成为的样子”，或有具体的理想，那现在就有了奋斗的目标，自然也会感到生活幸福且充满活力。现在，试着想象一下理想达成时自己的样子吧。

若让那时的自己给现在的自己一个建议，你认为会是什么呢？不要害羞，大胆去想象吧！

练习 找到自己的理想！

想象一下，一切都如你所愿，理想顺利达成时的情况。

1 想象一下已达成理想的自己。

达成理想的自己	（例）全世界最了解昆虫的昆虫博士！
住在什么地方	（例）自然环境良好，随处都可以发现昆虫的地方。
能够给什么人带去笑容呢	（例）能够将昆虫的有趣之处讲给所有对昆虫感兴趣的人。
过着怎样的生活	（例）一到周末就会出门寻找昆虫。
成为了怎样的人	（例）珍爱森林以及大自然的人。

2 如果让达成理想的自己给现在的自己提些建议，“他”会说些什么呢？尽量写得具体些吧。

（例）每次遇到不认识的昆虫，记得要将它的样子画下来，或是捉住做成标本哦。

为了达成理想，将来的自己会告诉你现在应该努力的方向，以及这个过程中会遇到的挑战。那么，“他”又会怎样鼓励你呢？或者彻底变身为将来的自己，给现在的自己写封信也是个不错的主意哦。

写给成年人的话

孩子其实是不善于思考“将来”的。但若能够清晰地描绘出“最出色的自己”，那么孩子就能够明确自己的目标，并且可以区分在成长过程中哪些事对自己更重要。作为家长，可以用提问的方式帮助孩子明确心目中理想的自我形象，例如，可以这样提问：“怎么做才能让自己更幸福呢？”“可以举个例子吗？”“还有其他方法吗？”“将来的你和现在的你有哪些区别呢？”，等等。

积极训练 28

有梦想，但不知如何实现

■ 将目标具体化、细分化

你的梦想是什么？做偶像、优秀的管理者，还是成为职业联盟棒球选手？我们的梦想可以是各种各样的，但梦想如果无法实现，就单纯只是一个梦想。而且，往往梦想越大，就越难以实现。如果找不到实现的方法，那梦想自然会破灭，我们也会失去奋斗的目标。为了避免这类事情的发生，可以先给自己设立一个阶段性的小目标。当你完成一个个小目标后，最终将迎来最大的目标，也就是你的梦想。

在为自己定目标时有个诀窍，就是让所定的目标看起来有些难度，但只要努力也并非无法完成。

练习　梦想达成规划图

① 写出你希望在 3 年左右可以实现的梦想（相当于最大的目标）。

②在 < 图 A> 正中间填入①处所写的梦想。在 < 图 A> 的 1 ～ 4 中填入达成梦想所必须具备的 4 个条件。

③为了达成②中所列出的 4 个条件，又需要做些什么呢？将 < 图 A> 中 1 处所填内容再填入 < 图 B> 正中间。并将为了实现此条件的两个重要因素填在 1 、 2 中。

④ < 图 C> ～ < 图 E> 同样按照②、③的方式填写。

梦想　（例）取得全国舞蹈大赛的胜利

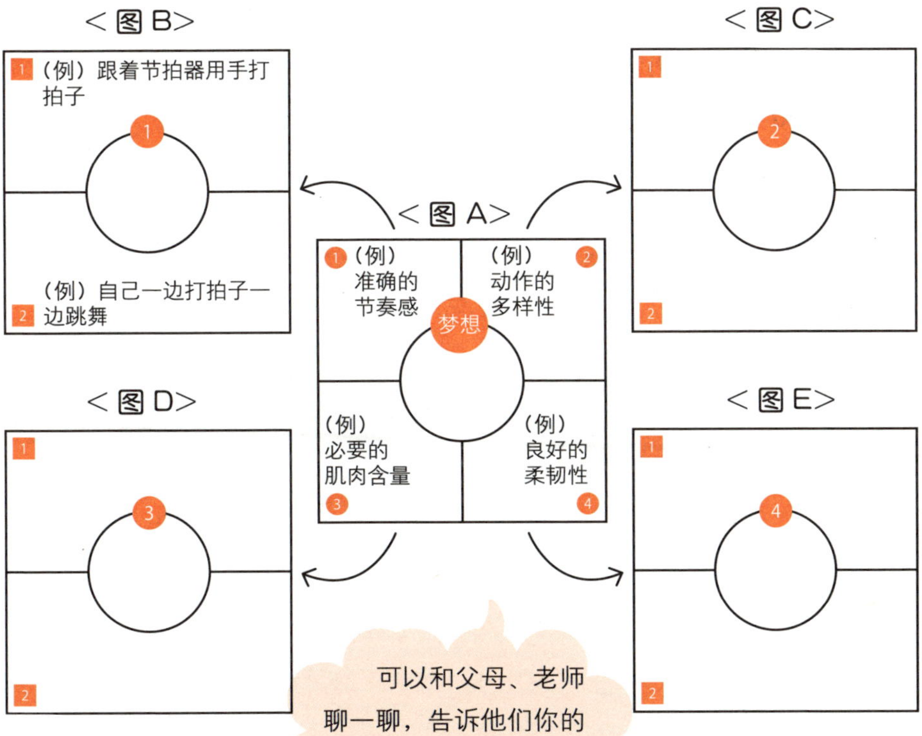

可以和父母、老师聊一聊，告诉他们你的梦想，让他们帮助你完成这张规划图。

写给成年人的话

有些人认为目标越远大越好，但其实这种想法是不对的。我们应该设定一个稍微高于自己能力范围的目标，并一次次去挑战它，这样所获得的结果往往好得多。家长应多问问孩子："为了实现你的梦想，都需要做些什么呢？""怎么才能做到这些呢？"，并帮助他将目标明确化、细分化，力求让他感到"这个目标虽然有些难度，但只要努努力，还是可以完成的"。

积极训练

29 无论怎样都提不起干劲儿

学会利用外因

明明暑假作业很多，可就是不想做……虽然心里清楚作业不能不做，可游戏的吸引力实在太大，一不留神，就把今天的任务拖到了第二天。就这样日复一日，随着暑假所剩的时间越来越少，你也意识到了问题的严重性。这样做，到最后发愁的是不是依然是你自己？铃木一郎（日本著名棒球运动员）为了击出好球，每次都会在进入击球区前做一个固定动作。当有一件不得不做的麻烦事摆在面前时，你也可以试着给自己设计一个“固定动作”，在做完这个动作后开始处理你的麻烦事。因为这个动作可以成为你的“动力开关”哦！刚开始不习惯也没关系，坚持去做即可。

练习　给自己安装“动力开关”

①写出一件“不得不做的事情”。

②制作只属于自己的“动力开关”。

决定时间	（例）每天 17 点开始，持续 30 分钟
决定地点	（例）在客厅的桌子上、在自己的房间
决定范围	（例）每天做 2 页练习
决定开始前必须做的动作	（例）削铅笔
决定结束后给自己的奖励	（例）看 30 分钟漫画

③ 试着用②的形式去完成①中所写内容。记得完成后要给自己奖励哦。

写给成年人的话

“动力开关”指在“糖果”（奖励）加“大棒”（惩罚）等外因的作用下而形成的某种习惯。当事情并未按照预期发展时，也一定要对孩子做出的努力给予肯定，对已完成的部分给块“糖果”。当然，相比物质奖励，希望家长能够更多地给予孩子精神上的奖励（对他的努力表示肯定，等等）。让孩子感受到只要努力就能够得到奖励，这是帮助孩子安装“动力开关”形成习惯的关键。

积极训练 30

明明已经很努力了，却依然做不好

■ 学会从解决问题的角度看问题

明明做好了准备，还提醒自己“不要忘记带”，可出门时还是放在玄关忘了拿，结果被老师批评了。为什么我总是丢三落四呢？是哪儿出了问题呢？是我太不认真吗？当这种情况多次出现，我们就很容易对自己的能力产生怀疑。

但要记住，我们没有必要为此自责，而是应思考“怎样才能避免丢三落四的情况再次发生”。我们一定也经历过很多没忘带东西的情况！那么，都是在什么情况下才不会忘带东西呢？为了尽量避免今后再出现忘带东西的情况，有什么可行的方法吗？动脑筋想一想吧！

练习 用××××方法解决烦恼！

1 现在的你是否正因做不好某件事而感到发愁？你所期待的状态是怎样的？

● 因做不好而令你发愁的事。

（例）经常因为丢三落四而被老师批评。

● 你期待的状态是怎样的？

（例）被老师夸奖“每次都记得带需要的物品来学校”。

2 思考怎样才能达到你希望的状态。

● 有哪些方法会有帮助？把能想到的全部写下来吧。

（例）列出所需物品清单。

可以询问父母、朋友的建议。

●在上面所列方法中，选出你认为可行的。

（例）首先，将需要的物品详细列出。

写给成年人的话

当孩子遇到困难时，很容易陷入焦虑、失落的情绪当中，因此很难转换思维去想办法解决问题。有些在成年人看来很琐碎的小事，在孩子眼中却可能相当严重。因此，希望家长在陪孩子思考解决方案时，尽量引导孩子认识自己的能力，并依靠自己的力量迈出解决问题的关键一步。当这类经验积累到一定程度后，孩子再遇到困难就不会沉浸在消极情绪中，而是有意识地去寻找解决问题的方法。

专栏④

任何时候都要记得“享受过程”

人们常说，无论是做学问，还是从事体育、音乐等方面的工作，想要成为某一领域的翘楚，需要“10 年共 1 万小时”的学习与训练，也就是每天 3 小时，并且要 10 年间一天都不间断。是不是听起来有些吓人？

那么，大家都是怎样做到如此努力的呢？答案其实很简单，“因为喜欢”“因为乐在其中”。当然，学习、训练的过程中也会遇到阻碍，会遭受失败，也会为此而感到痛苦或懊悔。但越是这种时候，我们越要保持“享受过程的心态”。当我们终于达成目标时所感受到的喜悦与成就感，看到身边人为我们高兴而露出的笑脸，会让我们不自觉地产生“再来一次”“再做好点”的想法。这就是“痛并快乐着”吧。

一天 3 小时的时间确实很长，但如果我们特别投入，以至于忘记了时间，那又会怎样呢？可能我们会感到这段时间并不长，甚至会觉得转瞬即逝。所以，当我们遇到阻碍时，一定要保持“享受过程的心态”，想想“怎样才能让过程变得更愉快”，想想“是否还有其他更好的方法”，这样面前的障碍是否就显得不再那么难以解决了呢？无论是艰难还是痛苦，甚至是失败，都让我们用享受的心态去面对它们吧！

一天只有短短 24 小时，但世上有趣的事却有许许多多，有哪些是你想尝试的呢？那么，现在就踏上这条“痛并快乐”的挑战之旅吧。

第 5 章

与他人建立良好的关系

幸福的人生，少不了与身边人的融洽相处。

若认为“自己注定孤独一人”，那内心必然是痛苦的。

但若有温暖的家庭、亲密的朋友陪伴在左右，

就会感觉没有解决不了的问题。

虽然与家人、朋友之间也会有争执，但总有能让彼此关系

更加亲密的办法。

在第 5 章中，我们会为你介绍如何找到支持自己的人，

以及怎样与对方建立良好的关系。

积极训练

31 反正没有人支持我

■ 找到支持自己的人

和朋友大吵一架后，同组的其他小伙伴竟然没有一个人支持自己，心中不免产生一丝失落，觉得自己孤零零的。

“为什么只有我是这样！”“为什么大家都不理解我！”

这样的想法，你是否也有过呢？

这个时候，你身边有很多人和你感同身受，在为你担心，只不过因为你已经习惯他们的存在，才会忽略他们。

其实他们一直在你身边支持你。

当你意识到自己并非“独自一人”时，内心是否会感到一丝暖意呢？

练习　我的后援团

想想有哪些人是支持你的，将他们的名字写在下图中，并在圆圈中心画一幅你的自画像吧。

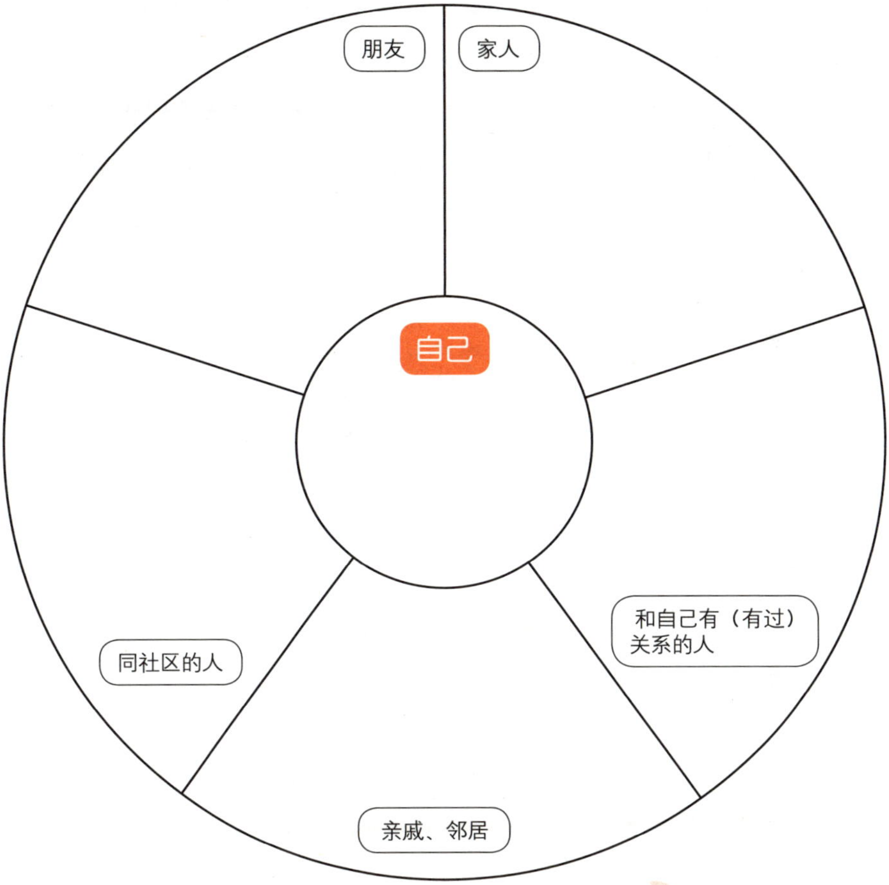

你认为没有人关心你吗？可事实果真如此吗？每天，是谁在做饭给你吃？是谁在守护城市的安全？当你遇到问题时，是谁在帮你出主意？现在写出那些对你来说很重要的，或是在身后支持你的人。人数不限，可多可少。

写给成年人的话

与身边的人建立深厚的感情以及牢固的信赖关系，不但能够使我们的生活更加丰富多彩，更能在我们遭遇困难或身处逆境时帮助我们重新振作起来。当我们意识到有许许多多人在支持、帮助我们的时候，自然也能够感觉到与这些人之间的连接。

当孩子认为没有人支持自己时，我们首先要对他表示理解，并在此基础上以提问的方式让他意识到在他生活、学习的地方都有哪些人在支持他。

积极训练 32

被感谢是一件让人非常开心的事情

拥有感恩的心

前几天帮妈妈扔了一次垃圾，回来后妈妈对我说了“谢谢”，这让我感到非常开心。

下公交车时，我对公交车司机说“谢谢您”，他笑着回应了我。而我，也笑了。

“谢谢”是有魔力的语言，无论是表达感谢的人，还是被感谢的人，都会因为它而感到幸福。

所以，当别人温柔待你，或是做了让你开心的事时，记得要向对方表达你的谢意。“谢谢”不但能让你和你身边的人获得幸福，还会让你们的关系更加亲密，是一条“魔法纽带”。

练习 “感谢信”

1 给你想感谢的人写一封“感谢信”。

想一想，你为什么感到开心，他在什么地方帮到了你？

2 将你用心写的感谢信，读给你要感谢的人听。

你的心情是怎样的？对方会有什么反应呢？

写给成年人的话

心理学家索尼娅·柳博米尔斯基博士认为，一颗懂得感恩的心，可以防止人们产生消极情绪、提高人们的自尊心、帮助人们建立良好的人际关系，降低与他人做无谓对比的概率，并最终提高人们的幸福感。另外，一颗懂得感恩的心，还能够帮助人们发现身边支持、帮助自己的人。因此，为了与他人建立良好的人际关系并从中获得幸福感，一定不要忘记常怀一颗感恩的心。

积极训练 33

被善待的人往往也会善待他人

■ 认识善意会产生的连锁反应

邻座的小明因为忘带橡皮正在发愁。

虽然我犹豫了一下，但最终还是把橡皮借给了他。

小明很开心地向我道谢。

第二天，我忘了带红笔。

正在发愁时，小明把一支红笔递给我，并对我说：“拿去用吧！”

“善意”指出于帮助他人而做出的善良行为。

只要你鼓起勇气，先对某个人表达你的善意，那么这个人就会将这份善意传递下去哦。

练习　善意回旋镖

阅读下面的漫画并思考问题。

①你认为好心助人的那些人会是什么样的心情呢？

②你认为被帮助的那些人是什么样的心情呢？

③为什么这幅漫画的名字是《善意回旋镖》？

④看了上面的漫画，如果是你，你会怎么做呢？

⑤你能为朋友、家人或身边的人做些什么呢？尝试去做一些力所能及的事情吧。

写给成年人的话

与人为善，不但会让被善待的人感到幸福，同样会提升我们自己的幸福感，对双方产生的影响都是积极的。另外，当一个人感受到他人对自己的善意，便会萌生出也要善待他人的念头，一个良性的社会循环便就此产生。当一个孩子对他人表达了自己的善意，无论事情大小，一定要告诉他，他的举动已为他身边的人带去了幸福。

积极训练 34

当朋友非常开心地来找你聊天时

给予积极、正向的回应

当你与同班同学聊起前几天去游乐场玩的话题时，对方是否问你："玩得开心吗？都玩什么了？"

然后两人就这个话题聊得很开心！

当你遇到开心事，或顺利完成某事后，是不是总会希望尽快与别人分享呢？

与别人聊开心的话题时是不是会感到很兴奋呢？

若对方也表现得很兴奋，那你是不是会更开心呢？

当朋友、家人向你讲述一件令他们很开心的事情时，陪他们一起开心，让气氛更加热烈吧。

练习 以下哪个是能让人们关系变得更好的"热烈回应"？

朋友很开心地来找你聊天，下面哪种反应最能让对话变得更热烈呢？

兴奋	表现出对话题很感兴趣，并向对方提一些有关的问题。例如："太棒了！！你一定很开心吧！你准备去迪士尼玩些什么呢？"记住要面带微笑，情绪要高涨哦。
无精打采	面无表情，虽然会有所回应，但感觉并没有认真听对方讲话。例如，只是简单地回应："哦，真好。"
破坏气氛	对朋友的事情消极地回应。例如："去迪士尼有什么好开心的，又没什么意思。"
漠不关心	说另外一个毫不相关的话题，或直接走开。例如："对了，昨天我妈妈给我买了个新游戏机！"

练习 掌握热烈回应"三部曲"

当朋友对你说起开心的事情时……

第一步　认同　可以说："真棒啊！太好啦！"

第二步　想象　想象对方开心的情绪并表达出来。

第三步　回应　提一些问题。

你在说话的时候应该是什么样的表情呢？试着画下来吧。

写给成年人的话

当有人向你讲述一件有意义的事情时，若你能对这件事情表示肯定，并主动给出正面反馈（热烈回应），那么你们之间便能够建立起良好的关系。并且随着“热烈回应”次数的增加，两人之间的关系也会越来越亲密。因此，大人在与孩子的交流过程中，首先要给予孩子“热烈回应”，并告诉孩子这样的回应会产生什么样的效果。

积极训练

35 与朋友的爱好以及思维方式差异巨大

■ 寻找各自的相同和不同之处

今天天气真好！好想去外面玩啊！但是山田却说她想在家看书。真是搞不懂她！

你的朋友，无论是外貌还是性格，与你都是不同的。

你们喜欢做的事、喜欢的东西也不相同，各自擅长与不擅长的事情也是不同的。遇到什么事情会开心，遇到什么事情会悲伤，程度是轻还是重，自然也是不同的。

这些不同没有好坏、对错之分，大家完全可以保留各自的特点。

因为有差异，其实是件很棒的事哦。

练习　找相同·找不同

每 3 人一组，找一找彼此之间的共同之处以及不同之处。将相同点写在下方圆圈的重叠处，不同点写在各自不重叠的位置。

- 2 个圆圈重叠之处 =2 人的共同点
- 3 个圆圈重叠之处 =3 人的共同点

仔细观察朋友的外貌，例如，他的发型是什么样的？戴眼镜吗？穿着什么样的衣服？

无法通过外在观察了解的特点，可以通过提问的形式去了解。例如，你喜欢吃什么？在哪儿出生的？擅长什么？休息日都会做些什么？

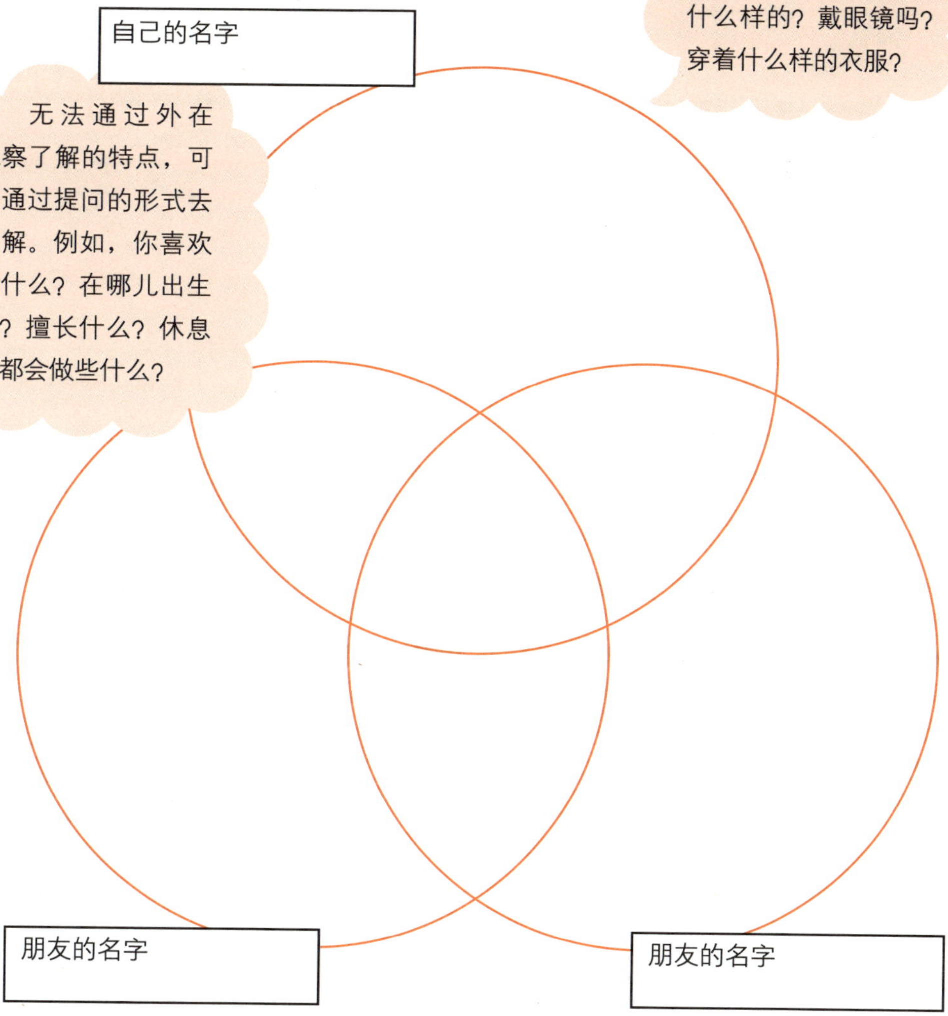

写给成年人的话

我们每个人都应该认识到，其他人与自己有不同的价值观及思维方式，并且必须学会尊重这些差异。即便是面对自己不喜欢的人，也应尊重彼此的特点，学会与其共存。而认识人与人之间的不同，正是尊重彼此差异的第一步。

积极训练

36

为什么又让我找人……我只能忍着吗？

■ 当遇到不如意的事情时，先要了解自己内心的变化

虽然和朋友们在一起时很开心，但每次玩捉迷藏他们总是让我找人，我真的很不情愿啊！

就因为他们都是我的朋友，所以我就必须忍耐吗？还是说，我可以态度强硬地怼回去："为什么每次都让我找人！我不干！你来吧！"但如果我这样做了，会不会和朋友吵起来呢？

当别人说了你不爱听的话，做了你不喜欢的事情时，最重要的是，要了解对方当时的情绪以及他的所思所想，思考怎样做才能让双方都保持良好的情绪，并找出令双方都开心的解决方式。

练习　遇到不愉快的事情时内心的 3 种变化

●鲨鱼型

不管什么事，
必须听我的！

就算会伤害到别人，
也要按自己的想法去做。

我才不找人呢，
你来找！！

●贝壳型

不想和你吵架，
那就听你的吧。

不想失去朋友，也不想和人吵架，所以不会发表自己的意见。

又让我找人啊。虽然不乐意，可也没办法。

●海豚型

想和你一起找一个能让大家都开心的解决方法。

希望用对双方都好的方法来解决问题。

咱们通过猜拳来决定谁来找人吧。

●哪种类型的做法能让大家都满意呢？

我认为＿＿＿＿＿＿型能让大家都满意。

因为＿＿＿＿＿＿＿＿＿＿＿＿。

写给成年人的话

孩子之间会产生矛盾，这是再正常不过的事情。其中大多数情况是由于事情没有按照自己的预期进行，或是因为与对方意见不合而感到愤怒，并最终发生了争执。有些孩子会以强硬的口吻去说服对方，还有些孩子则会选择沉默并去迎合对方。因此，大人需要让孩子知道，只有搞清楚彼此的意见及想法，并找到令大家都满意的处理方法，才能够完美地解决问题。

积极训练 37

和朋友吵架后怎样才能和好呢？

当与人意见相左时，寻找双赢的解决办法

和朋友吵架时，你是哪种类型呢？

海豚型？贝壳型？还是鲨鱼型？

当和朋友产生巨大矛盾时，我们会愤怒、伤心、不安，还可能会讨厌对方，觉得两人不再是朋友。

要怎样做才能和对方和好如初呢？

这时两人的意见都是非常重要的，因此需要找出能让双方都高兴的解决方法，也就是一个“双赢的方法”。

若能够处理好两人的矛盾，那么两人的关系就会更加亲密。

练习　“双赢法”迷宫

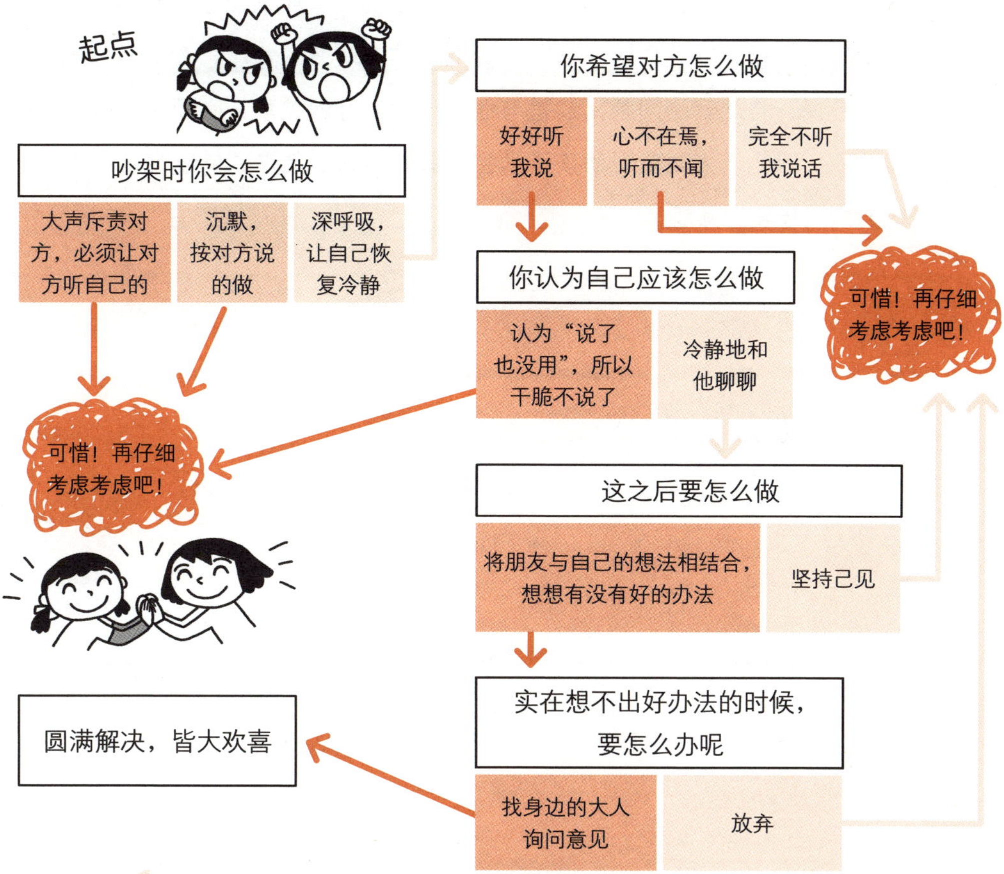

①吵架时先给自己“踩刹车”，做个深呼吸。

②问问对方的心情，以及他希望如何处理。

③告诉对方你的心情，以及你希望如何处理。

④找到双方都能够接受的解决方法。

⑤无论如何都找不到解决方法时，可以向身边的大人寻求帮助。

写给成年人的话

找出令双方都满意的解决方法，对很多成年人来说也不是件容易事。因为除非刻意去做，否则人们很难站在对方的角度思考问题。也就是说，若想解决问题，或是与他人建立良好的关系，必须学会理解他人。因此，大人要帮助孩子学会理解其他人的想法，并学会站在对方的立场思考问题。

积极训练

38 不能原谅他！我要报仇！

懂得并学会原谅

当有人弄坏了你很珍惜的东西时，故意捉弄你时，或是爽约时……你是不是会认为“一定不能原谅他！”，甚至会有报复对方的想法。

若一直陷在这种情绪中，最累的其实还是自己。

所以一旦情绪稍微平静后，不妨试着去原谅对方，虽然很可能无法立刻做到。

原谅对方，不意味着你要接受对方的行为，也不是让你忘记对方的所作所为。要知道，是陷在“不能原谅”“要报复”的情绪里，还是从这种不良情绪中走出来，选择权在你手中。

练习　回想自己曾经被他人原谅的经历

试着回想一下，自己曾经被其他人原谅的经历。

①被谁原谅？

②被原谅后，你的心情是怎样的？

③和原谅你的人和好了吗？

练习　让气球带走你“无法原谅”的情绪

想象下面的场景。

①你的面前有个没有充气的气球，气球上拴着一根线，而这根线的另一端连接的是你的心。

②仔细想一想，当你有“无论如何都无法原谅对方”这样的念头时，你的情绪是怎样的，并将这种情绪全部装进气球里。

③当气球膨胀后，将那根绳子剪断。

④气球慢慢升上天空，越飞越高，然后“嘭”地炸了。

写给成年人的话

学会原谅，是与他人维持良好关系的一项非常重要的能力。愤怒是很难被释怀的，沉溺其中只会让我们身心疲惫。而原谅，正是能够让我们避免受到这类二次伤害的一种手段。

在帮助孩子时，首先要对他的愤怒、悲伤以及不想原谅他人的心情给予理解，然后和孩子一起回忆曾经被别人原谅的经历，回想当时内心的那份感激，让孩子理解原谅的意义，使孩子最终自己主动放下内心的怨恨。

专栏⑤

“共情”，让我们与家人、朋友更加亲密

和家人、朋友一起玩的时候，我们会很开心，会感到自己充满活力；当我们遇到麻烦时，他们也会向我们伸出援手。所以，我们想永远和他们保持良好的关系。

而与他人保持良好关系的诀窍，就是“共情”。

当朋友在棒球比赛中失利后，他的内心一定很难过或很沮丧。而当他得到一个新玩具或一款新游戏机时，一定很开心，笑容满面。通过对他人语言、行为等的观察判断其情绪，并对他表示理解，这就是“共情”。当然，有些时候也可以通过直接询问了解对方的心情。

当他人难过时，你的共情可以使他的负面情绪得以缓解；当他人开心时，你的共情会让他的心情好上加好。所以，无论在何种情况下，共情都会使他人更喜欢和你在一起。

共情练习

· 仔细观察对方。
· 认真听对方讲话。
· 用心感受对方的情绪。
· 回想自己是否有过类似的体验，将自己也带入同样的情绪。
· 站在对方的立场，想象如果是你，你的心情如何。
· 向对方表示你的关心，如：“怎么了？发生什么事了？”
· 思考自己如何做才能让对方心情变得好一些，如何才能让对方恢复活力。

第 6 章

提高自己的复原力

所谓复原力，就是当我们遇到困难，出现了消极情绪，或情绪低落时，能够尽快让自己脱离这种状态的能力。

复原力是我们每个人都拥有的一种能力，而且这一能力是可以通过我们的努力提高的。

在第 6 章中，我们为大家介绍如何发现自己的复原力，以及如何通过向他人学习来提高自己的复原力。

积极训练

39

遭遇了严重的失败，没办法再振作起来了

■ 理解何为复原力

我们一生中，会遇到开心、愉快的事，

也会遇到悲伤、失落、气愤的事。

无论是谁，当遭遇失败或遇到自己讨厌的事时，

难免会产生各种各样的负面情绪，变得消沉。

但我们每个人都拥有摆脱负面情绪，重新振作起来的能力。

这种能力就被称为“复原力”。

复原力对每个人来说都是相当重要、不可或缺的一种能力，

同时，也是能够通过训练不断提高的一种能力。

练习　复原力是什么样的能力？

1 吹不好竖笛，好不甘心啊！

坚持练习，不放弃。

已经吹得很熟练了。

2 和朋友吵了一架，心情很糟糕。

互相道歉。

关系变得更好。

3 心爱的宠物死了，好伤心……

把悲伤的心情告诉妈妈。

虽然伤心，但毕竟你拥有与它的快乐回忆。

写给成年人的话

复原力原是一个物理学用语，指的是一个物体的回弹能力，后来被应用在心理学中，泛指能够从困难中恢复的能力。

大人可以多给孩子举一些自己或孩子身边的人在实际生活中克服困难、重新振作起来的例子，让孩子对复原力有更具体、更形象的认知。

积极训练 40

怎样才能重新振作起来呢？

发现自己的复原力

所谓复原力，就是能够从悲伤、失落等不良情绪中抽离出来，让自己重新恢复活力的能力。

那么，你脑海中的复原力是什么样的呢？是已经枯萎，却又在阳光和水的滋润下重新恢复生机的花朵吗？是在换了电池后重新又有了动力的玩具吗？还是跌倒受伤后，自己那随着时间的推移逐渐痊愈的身体？

把你心中的复原力用绘画的形式表现出来吧！这可以帮助你更好、更形象地了解何为复原力，以及它是怎样发挥作用的。

现在，去找一找属于你的复原力是什么样的吧！

练习　复原力是什么样子的

将你印象中的复原力用绘画的方式表现出来吧！

例如，总也推不倒的“不倒翁”，或是凋谢后还会再次盛开的鲜花。将与你印象中的复原力完美契合的人、植物或动物画出来吧。

写给成年人的话

复原力（恢复原状的能力）是每个人都拥有的。然而，对于复原力的理解，以及恢复的方法，每个人都是不同的。因此，大人首先要对孩子的复原力有准确的认知，并让孩子自己思考他的复原力是怎样发挥作用的。其次，让孩子将自己的复原力用语言以及图画的方式表现出来。

积极训练 41

一想到那个人就感到充满活力

■ 找到自己的“复原英雄”

健太特别喜欢踢足球，当他听说有位运动员即使受伤也没有放弃自己所从事的体育运动，并通过不懈努力最终回归赛场的事情后，自己要努力练习的意愿也更强了。

小核桃刚满 1 岁的妹妹每天为了学走路要摔好多个屁股蹲儿，可她依然会爬起来继续向前。小核桃看着这个小人儿，竟然被感动了。

有的人，当你看到他时，就会感到自己充满勇气与力量，感到自己能够重新振作起来，那这个人就是你的“复原英雄”。

练习　找到自己的“复原英雄”

你的“复原英雄”，就是那个一见到他就能让你恢复自信、重燃斗志的人。他可以是你的朋友，也可以是某位名人，还可以是某位运动员。想想谁是你的“复原英雄”呢？把他能够鼓舞你的原因写下来吧。

对方能给你什么样的力量呢？不轻言放弃？乐观向上的思维方式？有能力战胜自己？尽可能多地想一想吧。

你的复原英雄：______

原因：______

______

______

你的复原英雄：______

原因：______

______

______

你的复原英雄：______

原因：______

______

______

写给成年人的话

给复原力赋予具体的形象或将其用语言表达出来，这一点十分重要。因此，可以帮助孩子将心目中的“复原英雄”具象化，让孩子思考他的“复原英雄”能够带给他什么样的复原力。另外，还可以让孩子想象：如果“复原英雄”跟他对话，可能会说些什么呢？这样做可以让孩子从中获得更多的勇气。

积极训练 42

“痛苦的经历也会成为珍贵的经验”，这是真的吗？

从失败中重新站起来的你会迎来新的成长

切菜的时候竟然切到了左手食指！不但疼，拿东西和洗澡的时候也特别不方便！这样的日子什么时候才能到头啊？

但正是由于手指受了伤，你才了解到自己的手指究竟有多重要。而这也意味着你成长了。

痛苦、悲伤、愤怒，我们每个人都会尽量避免这些消极情绪的产生，但人往往是在经历了这些痛苦后才会成长。

所以，当你产生消极情绪时，不妨把它当作一个成长的机会来看待。

练习　采访其他人的“复原故事”

对身边的大人做个采访，问问他们身上发生过的“复原故事（克服困难的经历）”。

① 向接受采访的人解释何为复原力。

② 询问对方可否向你讲述他的“复原故事”。

③ 根据下表向对方提问，并将对方的回答记录下来。

④ 讲述自己痛苦的过去并不是一件令人愉悦的事情，所以采访结束后要带着尊敬及感谢的心情，向对方表达你听后的感受。

⑤ 真心向对方表示感谢。

有过怎样的经历?	
是怎样重新振作起来的呢?	
当时身边有其他人支持您吗?	
从这件事中您有哪些收获呢?	
您认为这段经历是否让您获得了成长?	

写给成年人的话

听成年人讲他们曾经的“复原故事”，能够让孩子从中学到很多经验。所以，多和孩子讲一讲自己的亲身经历吧。当人遭遇重大的事故或灾害后，会由于所受的打击过大而产生急性应激障碍（Acute Stress Disorder, ASD）或创伤后应激障碍（Post-Traumatic Stress Disorder, PTSD）。但即便如此，有些人也能够从这样的经历中收获经验，获得成长，这被称为创伤后成长（Post Traumatic Growth, PTG）。

积极训练

43 无法抑制的消极情绪

学会有效的处理方法

和朋友吵了一架，好生气啊！

满心期待的出游也成了泡影，搞得今天一天都打不起精神。

当我们遇到不顺心的事时，往往很难马上从消极的情绪中脱离出来，这种状态很令人头痛。

若一直沉浸在消极情绪中，我们的身体也会逐渐失去活力。

这个时候我们可以试试“排解魔法”！

生气、烦躁的时候可以用“7 次缓慢深呼吸”的“魔法”！

悲伤时可以用“最爱的音乐”这一“魔法”！

然后在不知不觉中，你的消极情绪就会消失不见哦。

练习 “排解魔法”

“魔法”的种类	“魔法”的使用方法	何时使用
7 次缓慢深呼吸	慢慢吐气，然后再慢慢吸气。重复 7 次。	
最爱的音乐	听听动漫的主题歌，喜欢的歌手演唱的歌曲，学校学过的歌，或者自己喜欢的音乐。	
找人聊一聊	有消极情绪时，找人聊聊天可以使情绪有所缓解。	
散步	散散步、看看风景，有利于转换心情。	
抱一抱自己心爱的宠物	抱一抱自己心爱的宠物，内心就会获得平静，很不可思议哦。	
画画	对于喜欢绘画的人来说，画画可以让内心变得平静。	
做运动	让你的身体动起来，你会惊讶于心情的巨大改变。	
泡个热水澡	泡一个舒舒服服的热水澡，让自己放松下来。	
	把属于你自己的“魔法”写下来吧！	

写给成年人的话

在脑科学与心理学领域均有研究表明，通过运动，或运用音乐、呼吸法、记日记等方式可明显改善心情。

可以让孩子试想一下，上面的练习中，在什么情况下用哪种方法效果最好。但更重要的是，让孩子在陷入消极情绪的恶性循环时能够实际运用这些方法。

大人也可以在孩子情绪不好时，陪孩子一起使用这些可以让心情放晴的“魔法”哦。

积极训练 44

因为生气，“嘭”地甩上了门，结果招来了责骂

要认识到，有些处理方法是没有效果的

当我们出现消极情绪时，用“排解魔法”来缓解会十分有效。

但若用“长时间打游戏”这个“魔法”来缓解内心的烦躁，不但会使我们出现视疲劳，还会导致我们睡眠不足。

若用“拿别人撒气”这一“魔法”来发泄心中的怒火，则可能会引起别人的不满，甚至引发争执。

所以，“排解魔法”虽然方便，但若使用不当，就可能变成“无用的魔法”，非但无法缓解我们内心的消极情绪，反而会让我们的心情更糟，或给他人造成困扰。

练习　有价值的“魔法”，还是无用的“魔法”？

下面几个“排解魔法”，是有价值的，还是无用的呢？

用线把无用的“魔法”和垃圾桶连起来，把有价值的“魔法”和“心中的小口袋”连起来吧！

发泄怒气

活动身体

深呼吸

找人聊一聊

和谁都不说话

有价值的“魔法”

无用的“魔法”

有价值的“魔法”的特征：

●既不会伤害自己，也不会伤害他人，同时也不会给他人造成困扰。

●思考一下，除了有能够使人心情变好的“魔法”外，还有其他“魔法”吗？将有价值的“魔法”放入心中的小口袋，没有价值的“魔法”丢进垃圾桶吧。

写给成年人的话

有时我们为了排解情绪，可能会造成一些物品的损害，还可能会伤害自己或者他人，可事后却发现不但没能使心情变好，反而给自己造成了更大的压力。

当孩子感到压力时，大人要在理解孩子的同时，帮助孩子找到适合他自己，同时也不会对周围人造成不良影响的，真正意义上的排解不良情绪的方法。

积极训练 45

要考试！啊，怎么这么突然！

改变自己的思维方式①

语文课上，如果老师突然说：“现在，我们要进行百题汉字测试。”你会是什么反应呢？

如果你不擅长，可能会想：“啊？不要啊！”

如果成竹在胸，可能会想：“太棒了！”

在你的脑袋里，其实住着好多“小鹦鹉”，而且它们很喜欢对你说话哦。“我怎么可能做到啊”“肯定不行啦”，说这种话的是“放弃小鹦鹉”。“都是他的错”“我才没有错”，说这些话的是“生气小鹦鹉”。而对你说“没关系，不要紧”的，则可能是“鼓励小鹦鹉”哦。

练习　这种情绪是哪只“小鹦鹉”的声音呢？

下面不同情况下出现的分别是哪只“小鹦鹉”呢？用线连一连吧！

怎么办，
我肯定不会啊！

竟然搞突然袭击，
这个老师真讨厌！

没事，只要我好好
做就一定能考好！

喜欢怪别人！
“生气小鹦鹉”

- 事情做不好都是别人的错。
- 自己完全没有错。
- 都怪别人不好。

爱说没关系！
“鼓励小鹦鹉”

- 只要去做就会成功，加油！
- 你真的很努力！
- 没关系的！

认为自己不行！
“放弃小鹦鹉”

- 我怎么可能做得到啊！
- 不会顺利的。
- 肯定不行的。

写给成年人的话

每个人看待各种事情、问题的角度及思维方式各不相同，这种差异除了会引起不同的情绪及身体反应外，还会导致后续行为及整件事最终结果的差异。帮助孩子设定各种场景，问问他在不同情况下会有什么样的情绪，会有哪只“小鹦鹉”跑出来和他说话，让孩子捕捉到自己各种情绪及行为背后的思维方式。

积极训练

46 反正我肯定做不好……

■ 改变自己的思维方式②

当竖笛总吹不好时，耳边出现了“放弃小鹦鹉”的声音：“我不可能吹好。”结果明明有可能做到的事，却在开始之前就放弃了。

当被老师批评时，“生气小鹦鹉”跑出来对你说：“我才没错呢。”虽然自己确实犯了错，心里却因老师的批评而感到不爽。

试想一下，如果说话的不是“放弃小鹦鹉”和“生气小鹦鹉”，而是“鼓励小鹦鹉”，那你的心情又会是怎样的呢?

当你感到即将陷入消极情绪时，试着呼唤“鼓励小鹦鹉”出来吧!

练习 换“鼓励小鹦鹉”出场吧！

“生气小鹦鹉”

“放弃小鹦鹉”

“鼓励小鹦鹉”

	“生气小鹦鹉”	“放弃小鹦鹉”	“鼓励小鹦鹉”
	会说什么？ 什么感受？	会说什么？ 什么感受？	会说什么？ 什么感受？
突然要考试			
作业不会做			
被老师批评			
朋友说了让我不高兴的话			

写给成年人的话

还可以制作写着“放弃小鹦鹉”“生气小鹦鹉”和“鼓励小鹦鹉”的卡片或小鸟折纸，并模仿小鹦鹉的声音问问孩子：“×× 小鹦鹉说○○，你是什么感受呢？”

专栏⑥

贝萨妮的故事给你带来什么样的感受与思考呢？

贝萨妮·汉密尔顿是活跃在美国夏威夷州的一位独臂职业冲浪选手。

贝萨妮从小热爱冲浪，总能在比赛中获得胜利。大家都认为她长大后一定能够成为一名职业冲浪选手。但就在她 13 岁时，发生了一件可怕的事。她受到了一条身长超过 4 米的巨大鲨鱼的攻击，整条左臂被鲨鱼吃掉了。

严重的伤势差点让贝萨妮失去性命，但在医生的积极救治下，她奇迹般地活了下来。不仅如此，在距事件发生不到一个月后，她又重新站上了冲浪板！

但贝萨妮发现，她已无法像以前那样轻松驾驭海浪了。由于失去了左臂，她无法再在海浪上保持平衡。这个打击使她甚至产生了放弃冲浪的念头。

最终，贝萨妮坚持了下来。她为自己定制了独臂也能轻松驾驭的冲浪板，并进行了异常严格的训练，再次开始征战于各种比赛。最终，她实现了自己的职业冲浪选手梦。

贝萨妮的故事还被改编为电影《灵魂冲浪人》。希望你能带着思考去看一看这部电影，看能否从中有所收获。

● 思考以下问题

① 贝萨妮在最痛苦的阶段，心情是怎样的？

② 贝萨妮是怎样重新振作起来的？

③ 贝萨妮是在什么力量的支撑下重新振作起来的？

④ 都有哪些人给予了贝萨妮支持？

第 7 章

找到属于自己的幸福与满足

本书的目的，就是希望大家找到属于自己的幸福。

但，幸福究竟是什么呢？

有些人明明生活得很苦，却会感到幸福；

有些人曾经认为自己很幸福，却会突然觉得生活变得索然无味。

在第 7 章中，你会认识到很多种幸福，也会见识到许多生活中的陷阱，并最终打开那扇属于你的幸福之门。

积极训练 47

什么时候会感到幸福呢？

找到属于自己的幸福

小悠每次只要发现形状、颜色有趣的石头就会很激动，感觉自己很幸福。

你是不是会觉得，因为这种事就感觉幸福还挺有意思的！

那么，你思考过什么是幸福吗？可能我们平时很少会考虑这个问题。当你听到“幸福”这个词时，脑海中浮现的会是什么样的场景呢？你的幸福时光，是什么时候呢？和小悠一样，还是不同呢？幸福是不分大小的，只要能让你产生一丝幸福的感觉，那就是属于你的幸福。

现在，让我们一起去发现属于你的那些幸福吧！

练习 “幸福盒子”

你做哪些事情时，会产生幸福的感觉呢？当时的心情又是怎样的呢？仔细回想一下，把想到的幸福时光填进下面的“幸福盒子”中。

（例）被爷爷抱
感觉痒痒的

当你实在想不起来时，可以翻看以前的照片，或找别人聊一聊。当你很难用文字表达自己幸福的感受时，可以尝试用绘画的方式表达。

写给成年人的话

“幸福感”是一种神奇的能量，它不但可以疗愈我们的身心，还能够让我们恢复活力。大人可以一边和孩子翻看以前的照片，一边聊聊当时的情景，帮助孩子回忆让他感到幸福的具体事情，让孩子学会将“自己”与“幸福”联系起来。

当孩子无法顺利回忆起过去的情景时，妈妈（老师）可以给孩子举一些自己身上发生过的例子，这也是一个行之有效的方法。注意，一定不要勉强孩子，要尊重孩子的感受。

积极训练 48

幸福是什么样的感受呢？

■ 每个人对幸福的理解是不同的

小青每次只要看到自己最喜欢的偶像的照片，就会感到“自己实在太幸福了”。

小庆被选入了足球队的首发阵容，这对现在的他来说，就是“人生最幸福的事”！

你的幸福和他们一样吗？

幸福是每个人都会有的感受，但能让人感到幸福的事，以及对幸福的理解却是因人而异的。

对周围的人做个采访，问问哪些事会让他们感到幸福，幸福对他们来说又是一种什么样的感受呢？

练习　采访——“让你感到幸福的时刻”

对身边的家人、朋友、老师等亲近的人做个采访，问问他们在什么时候会感到幸福，幸福的感受又是什么样的。

受访者	
在什么时候感受到幸福的？	
是什么样的感受？	

受访者	
在什么时候感受到幸福的？	
是什么样的感受？	

受访者	
在什么时候感受到幸福的？	
是什么样的感受？	

受访者	
在什么时候感受到幸福的？	
是什么样的感受？	

受访者	
在什么时候感受到幸福的？	
是什么样的感受？	

每个人对幸福的感受是不同的，所以，答案没有对错之分。对接受参访的人，真诚地说一句“谢谢”吧！

写给成年人的话

“幸福”在我们的印象中可能有些抽象，难以捕捉。但随着现代研究的不断发展，我们发现“幸福”是由多种确定的要素所组成的。大人所要做的，就是让孩子明白“每个人所感受到的幸福都是不同的”“每个人对‘幸福’的理解也是不同的”，让孩子接受各种不同的观点，与各种类型的人和谐相处。

积极训练 49

明明是很痛苦的经历，也能被称为“幸福”吗？

■ 理解幸福的多样性，认识幸福的组成要素

今天的作业特别多。正在奋笔疾书时，爸爸走进来说：“嚯，看起来状态不错啊！”

什么？今天作业这么多，状态怎么会好呢？

可能很多人都会认为，困难、痛苦与幸福是完全对立的，只有在高兴、快乐时才会感受到幸福。

但其实，努力克服困难的过程，以及为自己认为有意义的事情吃苦，都能够让人从中感受到幸福。

那么，现在思考一下，究竟什么样的感受会使人感到幸福呢？

练习　能够使人感到幸福的 5 大要素

1 拥有积极的情绪

当我们体验积极情绪时，会有很多有利于我们自身的事情发生。

2 全身心投入

当我们全身心投入一件事时，总会感觉时间过得飞快。这个时候我们就能感受到幸福。

3 良好的人际关系

良好的人际关系，能够使我们感到幸福。而且和什么样的人，建立怎样的联系，都是我们自己可以控制的。

4 能够感受到意义所在

即便是做自己不喜欢的，或是令自己很痛苦的事情，只要自己认为付出是有意义的，就能从中感受到幸福。

5 实现目标

经过努力而达成既定目标的过程，往往能够给我们带来成就感。坚持不懈的努力不但能提升我们的自信心，让我们有勇气去迎接下一个挑战，也能使我们获得成长。这个成长的过程同样能让我们感受到幸福。

写给成年人的话

一方面，在快乐、愉悦等积极情绪中产生的幸福，是“好心情带来的幸福”，在实现目标的过程中所体会到的幸福，是“成长所带来的幸福”。另一方面，美国心理学家马丁·塞利格曼所提出的 PERMA 理论[①]认为，幸福是由五大要素构成的。大人应将幸福的这些种类及其构成要素与孩子的实际体验相结合，帮助孩子加深对幸福的理解。

① PERMA 理论的幸福五要素分别是：P（Positive emotion），指积极情绪；E（Engagement），指投入；R（Relationship），指人际关系；M（Meaning），指意义；A（Accomplishment），指成就。——译者注

积极训练 50

为什么幸福的感觉不能持久？

小心认知与感情的陷阱

生日时，爸爸妈妈给我买了新的游戏机作为生日礼物！

我特别开心，每天都会玩。

可是前几天，朋友带了最新的游戏机让我玩。

在那之后，我突然觉得自己的游戏机没意思了，还对妈妈说："我想要朋友的那款游戏机，你给我买！"明明刚得到游戏机时感觉那么幸福，可为什么会因为一点点小事，幸福的感觉就消失不见了呢？这未免有些可惜了！

为什么幸福的感觉不能维持很久呢？其实这与我们的思维方式及心理原因有关。现在就让我们思考一下，影响是怎样产生的吧。

练习 幸福感无法持久的心理原因

1 与他人攀比

“对自己的现状不满”能够给我们注入新的“动力”。但如果“对自己的现状不满”是通过与他人的攀比而来，而且这一感觉过于强烈时，反而会使我们产生放弃努力的念头。

试着这样做

不要与他人攀比，而是与过去的自己做对比。现在的自己和以前相比，有了怎样的改变？若能够感到自己的进步，并因此而激发出自己的干劲儿，那就说明这种对比方法奏效了。

2 习惯后就变得很无聊

人们都存在一种心理，叫作“习惯”。习惯虽然可以消除我们最初的紧张感，却同时会让我们对新的发现或新的乐趣变得不再敏感，从中感受到的乐趣也会随之减少。

试着这样做

当一件原本很喜欢的事情让你感到无聊时，不妨试试向其中加入些新鲜元素。相信这会给你带来不一样的感受，并让你重新喜欢做这件事。

3 对一些小事很在意

我们在高兴的时候，可能会因为一点点不顺心而影响心情。而且越是高兴，往往受到的影响也会越大。但若一味地将注意力放在因受影响而产生的负面情绪上，那么原本愉快的情绪也会消失不见。

试着这样做

想象一棵树，以及一整片森林，这棵树由于虫子的啃食，已经出现了不少伤痕，然而放眼整片森林，却依然生机盎然。学会纵观全局，可以有效减少某种单一情绪对我们的影响。

写给成年人的话

例①中的行为被称为“社会比较”，是一种由个人的认知而引发的行为。“社会比较”可以激发人们的行为动机，但若因比较而产生的负面情绪过于强烈，则会产生相反的效果。例②所表现的是“适应（习惯）”所带来的紧张感的缓和以及反应的迟钝。对于这种情况，只需增加新的刺激即可使反应再次变得敏感。例③是消极情绪所引起的注意力的变化。当我们将注意力集中在某一点时，就很容易看不到事情的全貌。大人首先要理解这些心理机制，才能在此基础上向孩子提供帮助。

积极训练 51

有什么办法可以延长幸福的感觉？

让快乐进入循环状态

小聪特别喜欢昆虫，他在暑假中写的昆虫观察日记还获得了最优秀暑假作业奖。为此，他特别开心，还决心今后要加倍努力学习，争取将来成为一名昆虫学博士。

当一种幸福能够与下一种幸福联系起来时，幸福便进入一个快乐循环，自然也就能够延续下去。这里有 3 个重点。

① 让自己喜欢的事情变得更喜欢。

② 对自己来说重要的事物，更要加倍珍惜。

③ 想做的事，要全力以赴去做。

让我们来创造一个快乐循环，把幸福延续下去吧。

练习　培养快乐循环

① 喜欢的事。②对自己重要的事。③想全力以赴去做的事。在这3类事情中各写出3件具体的事情，并从每一类中选出一件对自己来说最重要的。这些就是你“快乐循环”的组成部分哦。

① 喜欢的事

- ____________________
- ____________________
- ____________________

② 对自己重要的事

- ____________________
- ____________________
- ____________________

③ 想全力以赴去做的事

- ____________________
- ____________________
- ____________________

组成快乐循环的每一个部分，都是可以培养的。想象一下，10年后、20年后，你的这些快乐循环组成部分会被培养成什么样子呢？发挥你的想象，并把它们画下来吧。

写给成年人的话

《改变人生的哈佛课》的作者塔尔·班·夏哈博士曾指出，“自己喜欢的事”“对自己有意义的事”“能发挥自己长处的事”这三件事重合的部分，就是我们的天赋所在。

在这里，我们用“对自己重要的事”替代了“对自己有意义的事”，用“想全力以赴去做的事”替代了“能发挥自己长处的事”。

大人首先要帮助孩子找到属于他们的快乐循环的组成部分，然后协助他们将其与实现今后的梦想联系起来。

专栏⑦

幸福很神奇

读完本书，你是否有所收获呢？最后，我们作了一首关于“幸福”的诗，希望你能大声读出来。

幸福很神奇。

它在开怀的大笑里，
在淡淡的微笑里，
也在紧咬的牙关里。
原来，幸福不只因为心情美丽。

当我迷路时，
路人给了我热情的指引。
当我帮一位拾级而上的老人拎起她沉重的包裹时，
她发自内心地向我表达了感激。
原来，自己的幸福也可以由他人做主体。

儿时让人捧腹的点滴，
曾住过的心爱的街区，
梦已成真的将来的自己。
原来，幸福也可以跨越时间的距离。

每次想起奶奶，心里都会涌起一丝暖意。
狗狗小波虽已永远离我而去，

但和它一起散步的时光却成为我宝贵的回忆。
原来，幸福也可以在失去中寻觅。

幸福其实一直和我们在一起，
只要用心寻找就能够发现踪迹。
即便是痛苦的经历，
也能把我们引向幸福这一目的地。
我们还可以主动去创造，
创造出自己那与众不同的幸福天地。

但若不用心，那幸福定会躲着你，
它会在不经意间，从你眼前溜之大吉。

幸福，对每个人都有不同的意义，
当我们都将自己的幸福之门开启，
这世界将变得无与伦比。

幸福，真的很神奇。

“24 类优点”详解

在这里，我们对第 59 页中提到的“24 类优点”做出了具体的解释，希望在你寻找自己长处的过程中能够将其作为参考。

好奇心：对任何事、任何经历都有着浓厚的兴趣。喜欢发现新的事物，会积极收集各种信息。

求知欲：想学习更多的知识，想掌握更多的技能，对自己已知的事物有想更深入了解的欲望，每当学习新东西时总会很激动。

创造力、独创性：在艺术或其他方面，会通过创新的方法，或有创意的理念去创新，去表达自己的与众不同。

有全局观：能够从整体及长远的角度考虑问题，能够听取各种意见并给出合理的、大家都能够接受的解决方案。

头脑灵活：不会轻易做决定，会经过多方面的思考后再给出最终答案。感情不外露，头脑冷静，想法及思维方式都可以根据实际情况灵活变更。

诚实：从不说谎，踏实、守信，能够对自己的言行负责。

热情：生活中总是充满了激情与感动，人生就像一场冒险一样精彩。做事不会半途而废，也不会虎头蛇尾。总是充满活力，过得有声有色。

坚韧：一旦开始做某件事就一定会做到最后，即便遇到困难，也会坚持到底。解决难题能够给他们带来愉悦。

勇敢：不会因遇到可怕或困难的事而感到畏惧。遇到反对意见也能够坚持为正确的一方发声。即便没有人支持自己，也敢于去做自己认为对的事情。

友爱：特别喜欢与人相处。重视与他人之间的互相理解、互相体谅。

擅长交际：不但能认清自己内心的真实意图及感受，也能够理解他人的情绪及想法，并做出妥善的应对。能够与各种类型的人友好相处。

体贴：对人亲切，乐于助人，会照顾人。帮助别人对他们来说是件很愉快的事。

公平：能够平等对待每个人。对所有人给予同等的机会，不会因为个人感情而产生偏袒，影响判断。

有团队精神：作为团队中的一员，能够在团队中发挥应有的作用，能够为了团队而努力去完成属于自己的任务。

有领导力：会为了达成团队的目标而尽心尽力，也会为了团队的团结而去协调成员间的关系。擅长在为团队成员服务的同时，带领大家一同成长。

心胸开阔：能够包容他人的错误与失败，会给人重新来过的机会。绝不会有报复心态，对过去的事不会追究。

有自制力：能够很好地控制自己的情绪、言行甚至食欲等。遵守各种秩序、礼仪。即便遇到不顺心的事，也能够控制自己的情绪。

考虑周全：做出选择前必会经过慎重的考虑，以免自己遭遇危险或失败。说话谨慎，不会说出令自己后悔的话。面对选择不会逃避，而是会认真考虑后做出决定。

谦虚谨慎：不会炫耀自己的才能，也不会因为自己的出色而骄傲。不会为了获得别人的称赞而特意表现自己，而且内心并不认为自己有什么特别的地方。

懂得感恩：能够发现点滴的美好，常怀感恩之心。并且能够将自己的感激之情表达给对方。即便是很小的事情，也会真诚地向对方表示感谢。

乐观：对未来充满希望，并会为之努力。相信未来一定会很美好，也深信努力一定会得到回报。

审美力强：对一切事物，如自然、艺术、知识、日常生活等，都能够敏锐地发现、欣赏其中美好或出色的部分。

有信念：能够感知到世界之大以及自己的渺小。有较高的人生目标及对生活的感悟，有自己的信仰。

幽默：轻松、快乐的情绪对他们来说是很重要的。他们喜欢逗人开心，常会冒出一些有趣的想法。在很多场合，他们都会给人留下很开朗的印象。

【结语】

给孩子的积极教育

大多数人都希望自己的孩子将来生活得幸福。但若被问到“幸福是什么”“怎样才能获得幸福”，大家又会作何回答呢？其实就连专家都很难自信地回答这个问题。

然而，积极心理学从科学的角度解释了什么是幸福，以及怎样获得幸福。而将积极心理学中的科学观点应用在教育领域中的，则是积极教育。

仅通过学校的常规考试是无法了解每个孩子是否幸福，每天是否充实的。因此，积极教育的目的就是通过家校结合的方式确保孩子过得健康、快乐。这一方法在英国、澳大利亚等国已被广泛应用。

积极教育主要分为“预防”（prevention）及“促进”（promotion）两部分。在孩子的成长过程中，他们一定会遭遇程度不一的困难或逆境，有些甚至会让他们感到极大的压力，而且这种经历是无论如何都无法避免的。有些人可能会为此感到遗憾，但也正是经历过这些困境后所获得的经验，才使得孩子们的人生变得丰富多彩。

积极教育中的“预防”，指的是事前的准备。若能够尽可能全面地做好准备工作，我们在面对逆境或困难时才能尽快摆脱负面情绪，才能形成属于我们自己的处理问题的方式、方法。同时，也能够使我们的内心更加强大，恢复更加迅速，也就是提高我们所说的“复原力”。

举个例子。我们可以事先想好难过时可以找谁倾诉，可以在了解自己情绪变化及思维方式的基础上，提前学习适合自己的问题处理方法，这些对于我们克服逆境与困难来说，都是十分有效的。

另外，积极教育能够教会孩子们正确认识、处理自己的情绪，认清“自己内心真实的想法”及“自己的优势”，懂得理解、尊重他人，知道如何激发、调动自己的积极性，有属于自己的“待人处事”方法，会去思考什么才是自己想要的幸福，等等。这些就是积极教育中的“促进”部分。

总之，“预防”是通过有效的措施提高我们的复原力，使我们顺利走出逆境、克服困难；而“促进”则是通过对相关心理学及社会资源的开发和有效利用，提升我们的幸福感。在这二者的影响下，孩子们能够活出真实的自我，过上理想的幸福生活，就是积极教育的目的所在。

本书从积极教育的“预防”及“促进”两方面入手，介绍了许多常用的方法及活动内容，希望能够帮助正在阅读本书的你，发现孩子身上的闪光点，并使其发射出更加耀眼的光芒。同时，也希望大家对能够展示“真实自我”的孩子的态度更加积极，去接受、肯定他们的与众不同。因为这样，孩子们的生活才会变得更加丰富多彩。

作为本书作者，我们团队中的每个人都会常常内省。同时，我们也有着更高的目标以及挑战目标的勇气。在成长的路上，我们与你同行。若这世上能多一个因我们而展现笑容的孩子，这对我们来说就是最最幸福的事。

作者团队

2017 年 7 月

作者介绍

足立启美

一般社团法人　日本积极教育协会代表理事

武藏野大学人类科学部毕业，积极教育心理学讲师，一般社团法人日本复原力推进协会“复原力促进 WG”委员。曾参与创立东京瑟谷学校，至今已有 10 多年国内外教育机构的教育经验。“SPARK 复原力计划”翻译，还致力于“复原力亲子课”“给英语教师的积极教育课程”等的开发。

主要著作：《让孩子拥有一颗“不服输的心”》（共著，株式会社法研，2014）。

铃木水季

一般社团法人　日本积极教育协会理事

东京国际大学社会学硕士毕业，临床心理师，精神保健福祉师。曾担任精神病院咨询师、企业咨询师、东京都公立学校校园咨询师，现任郁文馆梦学院校园咨询师及千叶经济大学兼职讲师。

主要著作：《让孩子拥有一颗“不服输的心”》（共著，株式会社法研，2014），《精神保健福祉咨询援助的基础（专业）》（共著，弘文堂，2017）等。

岐部智惠子

一般社团法人　日本积极教育协会理事

东伦敦大学应用积极心理学硕士毕业。茶之水女子大学人类文化创成科学研究科博士后毕业，心理学博士。主修发展精神病理学、积极心理学。曾任教于英国伦敦市内公立小学，返日后曾参与开发研究婴幼儿的教育计划，还曾担任千叶大学儿童心理发育教育研究中心特邀研究员，及十文字学园女子大学、茶之水女子大学兼职讲师。现任茶之水女子大学核心研究院研究员。

主要著作：《基础助产学 4　母子心理·社会学》（共著，医学书院，2016）。

缓利诚

一般社团法人　日本积极教育协会理事

筑波大学人类综合科学研究科博士课程结业，教育学硕士，主修课程体系研究、才能教育、积极组织开发。曾于浜松大学担任保育师及负责教师培训。现任昭和女子大学综合教育中心专职讲师、昭和女子大学现代教育研究所副所长。

主要著作：《课程体系评价入门》（共著，劲曹书房，2009）。

一般社团法人　日本积极教育协会（JPEA）（主编）

立志于普及积极教育，目的是希望每个人都拥有旺盛的生命力，有能力追求自己的幸福，以及让孩子保持旺盛的求知欲并能够不断地探索、学习。面向日本的孩子、家长以及教师，开设了以积极心理学为基础、经JPEA认证的复原力培训师讲座、积极教育基础讲座，等等。

目前经认证的培训师遍布日本各地。顾问：伊洛娜·博尼韦尔博士，主页：http://www.j-pea.org/

＊ JPEA 认证复原力培训师

完成积极心理学基础知识及复原力的实际授课方法的理论学习，参加规定的实习并最终考试合格者，可成为 JPEA 认证复原力培训师。其目的是培养孩子的复原力。现有约 100 名培训师在日本全国各学校、企业开设讲座，进行研修。希望为儿童的培养助力、希望提高自己的复原力、想在学校教育中加入复原力培养，以及想在学校或医院等组织内全面开展复原力教育的单位及个人，都可以接受培训并参与认证。

伊洛娜·博尼韦尔（Ilona Boniwell）

一般社团法人　日本积极教育协会顾问

心理学博士，英国安格利亚鲁斯金大学研究生部应用积极心理学研究计划指导者，国际积极心理学协会 (IPPA) 理事。

欧洲积极心理学创始人，世界积极教育先驱之一。作为 SPARK 复原力训练开发者，还曾接受日本 NHK 电视台《现代特写》节目的采访。

主要著作：《一本书让你读懂积极心理学》（国书刊行会，2015）。